MAHI TRAORÉ
AVEC FRÉDÉRIC BÉGHIN

JE SUIS NOIRE MAIS JE NE ME PLAINS PAS, J'AURAIS PU ÊTRE UNE FEMME

Robert Laffont

Ouvrage publié
sous la direction de Françoise Samson

ISBN 978-2-221-25299-4
Dépôt légal : août 2021
Éditions Robert Laffont – 92, avenue de France, 75013 Paris

À mes enfants adorés,
à la mémoire de mon défunt papa,
à Bakary, mon frère parti trop tôt,
à Rok

« Je suis aveugle,
mais on trouve toujours
plus malheureux que soi…
J'aurais pu être noir. »

Citation attribuée
à Ray Charles

Prologue

« Je suis suédoise. »

Une trentaine d'années après mon installation en France, je ne suis toujours pas lassée de cette pirouette. Tout sourire, je laisse fuser cette réponse ironique chaque fois que l'on me questionne sur mes origines, c'est-à-dire constamment. À toutes les étapes de ma vie ici, où j'ai été tour à tour étudiante, caissière dans un supermarché Mammouth, surveillante de collège, plus tard conseillère principale d'éducation (CPE) puis cheffe d'établissement dans l'enseignement secondaire, la question a toujours surgi rapidement dans les conversations, quels que soient mon âge, mon style vestimentaire ou mon statut professionnel du moment. Aujourd'hui proviseure d'un lycée parisien, première femme noire africaine à occuper un tel poste dans la capitale, je reste soumise à la même interrogation, pour ne pas dire au même interrogatoire. D'où viens-je ? Suis-je française et, si oui, depuis quand ? Par quel miracle ai-je acquis ce talent pour parler sans accent ?

Alors, oui, je prends un malin plaisir à me déclarer « suédoise » et à voir une lueur d'étonnement s'allumer dans les yeux de mon interlocuteur. Mon patronyme si courant dans le pays où je suis née – les Traoré sont les Martin du Mali –, mes tresses, mes nattes couchées ou mes autres coiffures, ma couleur de peau, rien chez moi, à l'évidence, ne correspond à l'idée que l'on se fait d'une citoyenne de Stockholm. La réplique et le léger vertige qu'elle provoque soulignent à dessein la nature de la curiosité bien ou mal intentionnée contenue dans ces questions que l'on m'adresse. Après tout, je pourrais très bien me prévaloir de cette nationalité scandinave, au même titre que ce célèbre footballeur au nom bosnien, Zlatan Ibrahimović, né à Malmö et meilleur buteur de l'histoire de l'équipe de Suède !

Mais, surtout, aujourd'hui, si l'on s'adresse à moi comme fonctionnaire de l'Éducation nationale, l'on devrait savoir que je suis forcément française.

Ainsi, le bon sens, sous le feu nourri des clichés, semble presque systématiquement s'évanouir face à l'écran de mon apparence.

*

L'humour est mon arme favorite contre les préjugés et la condescendance auxquels s'expose toute personne dite « issue de la diversité ». Et encore, j'ai de la chance : contrairement à beaucoup d'autres, j'ai échappé aux graves discriminations professionnelles et aux manifestations d'un racisme frontal et haineux, heureusement réprimé par la loi. En revanche, je connais bien ce que les sociologues nomment les « micro-agressions », ces « petites remarques anodines [qui] se veulent souvent bienveillantes [mais qui] pétrifient les Français des Antilles ou d'origine africaine à qui elles s'adressent », comme l'écrivait *Le Monde* dans un passionnant article consacré à ce phénomène[1].

Pour moi, micro ou macro, ce sont toutes des agressions véritables.

Cependant, je me suis reconnue dans de nombreux témoignages recueillis par les journalistes. Ma connaissance présumée de l'actualité africaine, l'origine de mon maniement de la langue de Molière, la musique qui me donne envie de danser ou la température dans laquelle je suis censée me sentir à l'aise, tout semble prédéterminé par des perceptions mentales persistantes et, surtout, répétitives, liées au pays d'où je viens et à la couleur de ma peau. Dans le même article, l'historien Pap Ndiaye, professeur à Sciences Po, comparait d'ailleurs ce genre de propos au « supplice de la goutte d'eau » : « Une fois, cela

1. Philippe Bernard, Louise Couvelaire, « Comment les micro-agressions instillent en France un racisme inconscient, mais ravageur », *Le Monde*, 20 juillet 2020.

n'a rien de grave, mais un million de fois, c'est insupportable[1]. »

Pourtant, hors de question de me poser en victime ou de me ressentir comme telle. Toute ma vie, j'ai refusé de me voir assignée à ma couleur de peau et à mes origines maliennes. Ce n'est tout de même pas à l'approche du demi-siècle que je vais commencer à me laisser atteindre ! Si je témoigne aujourd'hui, alors que, pour ma part, j'ai su m'abstraire de la pression identitaire afin de mener ma carrière et ma vie comme je l'entendais, c'est en songeant à la situation des jeunes Noirs de France, dans l'espoir que mon parcours les inspire et les incite, eux aussi, à refuser de se laisser enfermer dans un schéma de pensée.

Je pense particulièrement aux jeunes filles. Avant même de devoir, depuis trente ans, tordre le cou aux idées reçues sur « les Noirs » en France, j'ai affronté, dans ma jeunesse, les stéréotypes attachés à la condition féminine dans la société patriarcale malienne. J'ai vu et je vois trop d'élèves crouler sous le poids de ces deux étiquettes, « femme » et « noire » (comme d'ailleurs femme et maghrébine, femme et asiatique, ou autre), victimes d'une double autocensure, comme si le regard de la société française – et, souvent, celui de leurs communautés – les poussait à accepter d'avance un sort moins enviable que celui des garçons, un destin moins ouvert que celui des Blancs.

1. *Ibid.*

PROLOGUE

C'est pour elles que j'ai écrit ce récit. Puissent-elles y trouver la force de déplacer les montagnes. Mais surtout, au-delà de leur cas, j'ai la conviction que la société française doit enfin accepter la diversité des origines, comme celle des genres et des orientations sexuelles, pour ce qu'elle est : une formidable richesse collective, une somme de talents dont l'épanouissement bénéficie à tous, et non un empilement de particularismes pesants. Il serait temps.

I

On ne naît pas noire, on le devient

1

Une histoire de cheveux

« Tes cheveux sont très bien ainsi. Tu n'es pas blanche ! »

Avec mes filles, tout a commencé par des différends capillaires. L'aînée avait fini par s'attirer cette réplique de ma part à force de réclamer des tresses plus fines, si possible allongées jusqu'en bas du dos par des extensions, pour ressembler à toutes ses amies. Sa petite sœur, à l'inverse, entrait dans de terribles colères à chacune de mes tentatives pour la coiffer. La veille de sa rentrée en grande section de maternelle, dans notre quartier du nord de Paris, ses cris avaient même incité des voisins à alerter la police. Les forces de l'ordre étaient venues constater l'objet du délit et entendre les plaintes de la victime : une petite fille de cinq ans, les yeux rougis par les larmes et le crâne seulement à moitié tressé…

Aujourd'hui sorties de l'adolescence, elles gardent des attitudes radicalement opposées sur la question.

L'une continue à prendre un soin minutieux de ses coiffures. L'autre fuit élastiques et fer à lisser comme la peste. Pour une jeune fille noire, la chevelure représente bien davantage qu'une préoccupation esthétique. Lui donner des allures occidentales, plutôt que la domestiquer à la mode de sa région d'origine – les nattes couchées, sans extensions, sont ainsi typiques des Peuls du Mali, l'ethnie de ma mère –, ou encore se laisser pousser une « afro » spectaculaire, c'est une affaire d'identité.

Les discussions à ce sujet ont souvent été ma façon de leur dire qu'elles sont noires, sans imposer une dissertation sur la négritude ou un cours sur la pigmentation de la peau. Leurs questions sont vite venues, cependant.

Mon aînée devait avoir cinq ans lorsqu'elle m'a interrogée sur sa couleur. À l'école maternelle, une camarade l'avait étiquetée « noire ». À son grand étonnement puisqu'elle se voyait « marron », surtout en comparant son épiderme à celui très sombre de sa meilleure copine, d'origine sénégalaise.

Avant de savoir lire, elle découvrait ainsi combien le mot « noir » renferme de pièges. Avec ou sans majuscule initiale, un seul terme générique pour désigner à la fois l'apparence, l'origine et l'identité de centaines de millions de personnes, aux teintes de peau pourtant aussi diverses que celles des individus blancs.

Ce mot dont on n'emploie plus le synonyme jugé insultant, le « nègre » du colonisateur ou du maître, continue à susciter de la gêne, comme en témoigne l'usage répandu, dans le langage courant, de l'anglicisme « Black ».

Il m'est souvent arrivé de reprendre des amis ou des collègues qui me qualifiaient ainsi. Est-ce que je les appelle « White », moi ? « Noire, je n'ose pas », m'a avoué une enseignante à qui j'avais lancé cette remarque. L'euphémisme, dans lequel j'entends le politiquement correct tenter d'expier les fautes du passé, ne rend service à personne. S'excuser à chaque fois que l'on me nomme, c'est une autre manière de me ramener et de me réduire à la couleur de ma peau.

Au cours de cette conversation avec ma fille, nous étions convenues que deux Noirs pouvaient se révéler aussi différents qu'un Norvégien diaphane et un Andalou cuivré, et que cela n'importe pas puisque nous sommes tous des êtres humains. Sauf peut-être, avions-nous conclu dans un éclat de rire, les gens dont la couleur s'est effacée, comme Michael Jackson, dont le visage avait viré au « gris », comme chacun le sait depuis un célèbre sketch des Inconnus[1].

---

1. *Télémagouilles*, sketch des Inconnus dans leur spectacle enregistré au Théâtre de Paris en 1990.

*

Quand ils ont grandi, les questionnements de mes enfants sur leurs origines et leur ouverture vers le continent africain sont arrivés progressivement, par petites touches. Plutôt que de les charger du poids d'un héritage, j'ai préféré les laisser venir à petits pas. À chaque fois que l'occasion se présentait, je répondais à leurs interrogations nées, par exemple, d'un cours d'histoire, au lycée, consacré à l'esclavage ou à la décolonisation, du récit de voyage d'un oncle de retour de Bamako, d'un événement issu de l'actualité.

À travers la porte de la salle de bains, le matin, j'ai peu à peu constaté avec plaisir que les voix maliennes de Salif Keïta ou d'Oumou Sangaré pouvaient désormais succéder aux raps misogynes de Booba, Kaaris ou Damso. Ma mère estime que je ne leur parle pas assez du Mali et que j'aurais dû leur apprendre la langue bambara, comme elle-même a pris soin de me l'enseigner dès mon plus jeune âge. À cela, je lui réponds qu'elle a raison – on ne contredit pas sa maman, surtout la mienne – mais que je préfère insister sur l'histoire et la culture de leur pays, la France. Si elles ont passé des vacances à Bamako, elles ont bien davantage arpenté, depuis leur plus jeune âge, les provinces françaises. J'ai aussi voulu leur faire découvrir le continent européen en les emmenant à Bruxelles, le berceau de sa construction politique, et en les plongeant dans son histoire lors de séjours en Grèce, en Italie, en Espagne, aux Pays-Bas… Comme la mienne, leur vie est ici.

2

À la recherche des étoiles

Clichy-la-Garenne, c'est comme si j'y étais née. Pourtant, quand ma mère s'installe avec ses nombreux enfants, au tout début des années 1980, dans cette commune limitrophe de Paris, il pleut aussi souvent sur mes joues, au cours des premières nuits, que sur les vitres de nos fenêtres. Du haut de mon lit superposé, j'ouvre la petite lucarne de la chambre en quête d'improbables étoiles, me demandant si elles scintilleront comme les perles de lumière du ciel malien.

Même à sept ou huit ans, l'expatriation ne m'effraie pourtant pas. Les Peuls possèdent le gène du voyage. Nous sommes un peuple de nomades. Par ailleurs, le départ est réglé dans les moindres détails. Souhaitant oublier Bamako après son divorce, ma mère effectue plusieurs séjours en France pour trouver un emploi de secrétaire et louer un appartement. La décision nous tombe dessus plutôt brutalement. Les enfants, on ne s'encombre pas de leur avis, on ne leur annonce ni ne leur explique les choix des adultes. D'ailleurs, bien mal leur en aurait pris de poser des questions. Bagages et enfants doivent suivre le mouvement. C'est comme ça.

À Roissy, des oncles viennent nous chercher au volant de deux voitures pour nous déposer à Clichy et monter nos lourdes valises. « Thatcher », comme nous surnommons ma mère pour moquer gentiment son sens de l'organisation et sa pugnacité, a tout prévu. Sans jamais renoncer à son boubou ni à son foulard, elle a parfaitement appris à connaître les rouages de l'administration française et classe au cordeau tous les documents nécessaires – un talent indispensable à ses yeux pour survivre dans une France qu'elle surnomme « le royaume des papiers ».

*

Sa détermination nous a épargné le chaos d'une installation improvisée. Mais le départ vers la France a mis fin à une parenthèse enchantée.

Au Mali, tandis qu'elle s'activait et s'absentait pour tout préparer, elle nous avait confiés à l'un de ses frères aînés résidant à Koulikoro. Dans cette ville de fonctionnaires, à soixante kilomètres de la capitale, l'immense maison de style colonial ressemble à un petit paradis sur terre. Aux deux entrées, desservant une vaste cour ombragée par un baobab, s'ajoute un accès direct au fleuve Niger, où nous allons nager. Pour éviter de nous blesser, nous devons sautiller à pieds nus sur les grosses pierres qui encombrent les berges.

Mes amis, mes partenaires de baignade, ce sont eux que je cherche dans le ciel de Clichy ou sur les ondes de ma radio réglée sur RFI, pour écouter les nouvelles de l'Afrique.

Je pleure aussi la liberté et l'espace de Koulikoro. Ici, nous sommes les uns sur les autres dans ce trois-pièces au sixième étage sans ascenseur. Une chambre pour ma mère, une autre pour ma sœur et moi, les garçons dans le salon, cette organisation exige une stricte discipline et interdit de traîner le matin ou de partir à l'école sans avoir fait son lit et rangé sa chambre. Petits déjeuners et passages par la salle de bains se déroulent dans le calme et l'ordre.

Au prix de cette routine d'une rigueur quasi militaire, nous échappons au sentiment de promiscuité. Mais nous sommes loin de l'image que dans mes rêveries d'enfant je me façonnais de Paris.

3

Koulikoro, Mali, 1979 :
le Magicien m'emmène à Paris

Les yeux clos, étendue sur la table couverte d'un drap blanc dans la cour de récréation de l'école de Koulikoro, je visite Paris pour la première fois. J'ai sept ans. De sa voix douce, le « Magicien » guide mes pensées dans ce voyage virtuel.

Une fois l'an, la venue de ce griot en majestueux boubou blanc provoque l'effervescence. Annoncé plusieurs semaines à l'avance, l'événement électrise les professeurs aussi bien que les quelques dizaines d'écoliers. Renommé dans toute la région, d'une stature impressionnante, coiffé d'un élégant chapeau, il se fait tour à tour conteur, de son timbre grave, et musicien, s'accompagnant à la flûte ou en pinçant les cordes de sa kora, assis en tailleur sous l'arbre à palabres qui ombrage la cour de l'école.

Le moment le plus attendu de sa prestation arrive lorsqu'il organise, pour quelques chanceux, « le grand voyage ». L'élève désigné choisit sa destination puis s'allonge et ferme les yeux pour s'y laisser transporter par les paroles du Magicien.

Lorsque vient mon tour, ses mots sont assez vagues pour laisser place à mon imagination enfantine. Ai-je rejoint la capitale française à bord d'un Boeing, ou bien un oiseau géant m'y a-t-il menée comme par magie ? À moi de décider. Mais il prend soin de me promener parmi des lieux aux noms puissamment évocateurs. La Seine m'apparaît comme la veine qui irrigue Paris. Derrière mes paupières closes, les Champs-Élysées mêlent curieusement une atmosphère bucolique à l'éclat des enseignes lumineuses. Quant à la tour Eiffel, je la contemple d'emblée depuis son sommet.

Le séjour terminé, à peine suis-je descendue de la table que mes copains et copines me pressent de raconter mes visions.

Des visites du Magicien me vient peut-être le goût du récit et du maniement de la langue. Sans doute inconsciemment, je perçus ce jour-là le fabuleux pouvoir des mots, capables de vous propulser en un éclair à des milliers de kilomètres.

4

L'école ou les multiples facettes du bonheur

À Clichy, je n'ai pas conscience d'être noire. Je le sais, ma famille n'est pas aisée. À Bamako, nous vivions bien, entre un père haut fonctionnaire et une mère secrétaire de direction dans un ministère. Ici, elle nous habille chez Emmaüs, au Secours catholique et, pour les grandes occasions comme la rentrée scolaire, au grand magasin Tati de Barbès. Mais elle nous a installés au centre-ville, boulevard Jean-Jaurès. Nous ne vivons pas en cité, nous ne fréquentons pas l'école de l'un de ces quartiers où nous serions réduits à notre couleur.

*

Une autre assignation, en revanche, me gêne déjà fortement.

Toute jeune, j'ai conscience d'être issue d'une société patriarcale. Génération après génération, les femmes africaines, dans un silence assourdissant, sont vouées à souffrir. Ainsi le veut une tradition ancestrale. On les chante, on les loue, les griots racontent que, sans elles, la société s'effondrerait. Et c'est exact. Mais je comprends vite comment elles sont traitées, bafouées, promptement délaissées au profit d'épouses plus jeunes, montrées du doigt en cas de difficulté à enfanter, sans que l'on s'interroge sur une éventuelle stérilité du mari. En moi, une certitude se fait déjà jour : JE NE VEUX PAS de ce destin.

Dès l'enfance à Bamako, pour enfourcher mon vélo, je troque le pagne traditionnel contre un pantalon, au risque de passer pour un garçon manqué. C'est tout bonnement plus pratique, et puis j'éprouve déjà l'impérieux besoin de décider avant qu'on ne le fasse à ma place.

*

Notre jeune âge aidant, nous nous adaptons rapidement à notre nouvelle vie en France. Bien sûr, au départ, je vais de surprise en surprise.

Je découvre la verticalité. Notre immeuble haussmannien paraît immense comparé aux maisons maliennes à un seul étage. Une vaste cour dessert les multiples escaliers. Le nôtre, on y accède par la porte B. Ici, chiffres et lettres ne logent pas seulement dans les livres d'école, ils servent aussi à retrouver son chez-soi.

Plus loin sur le boulevard, chez le médecin, la salle d'attente me fascine aussi. À Bamako, on se soigne à l'hôpital, pas en consultation dans un cabinet cossu. Pour circuler dans le quartier, ma mère nous prépare des itinéraires en fonction des feux rouges – autre découverte ! Se rendre à la boulangerie suppose de franchir tant de feux. La pharmacie, deux de plus…

Dans les rues si propres, l'automne de notre arrivée, les arbres nus me paraissent manquer d'eau, comme au Mali. Quand ils reverdissent au printemps, je me demande « qui les arrose ? ». Et j'ai beau les scruter un à un, rue après rue, nulle part je ne retrouve la majesté de mon cher baobab.

Il me faut aussi un petit temps pour le comprendre, ici, on dit bonjour uniquement aux visages connus, et non à tous les passagers du bus ni à la cantonade en entrant au supermarché. Moi, on m'a pourtant appris à saluer tout le monde, à commencer par les aînés.

*

Malgré ces petits sujets d'étonnement, nous trouvons vite nos marques grâce à l'école, où j'entre en CE2. Pour ma mère qui sacralise l'instruction, les grandes lettres noires fixées au-dessus de l'entrée pour épeler le nom du créateur de l'école laïque, gratuite et obligatoire – « République française, école Jules-Ferry » – suscitent à elles seules une immense fierté.

Notre français est excellent (à la maison, nous l'avons toujours parlé en même temps que le bambara) et je me sens tout de suite à mon aise dans ce joli bâtiment de briques claires où tout me plaît. Tout, c'est-à-dire la cour agréable, le service à table au réfectoire, la découverte de la marelle et des jeux d'élastique, les activités sportives du mercredi après-midi. Tandis que mes frères s'inscrivent au tennis de table ou au judo, je deviens une nageuse acharnée à la piscine municipale de Clichy. Quelques années plus tard, je créerai à Bamako une association pour promouvoir la natation, le club Somono, ainsi baptisé en hommage à une ethnie de pêcheurs maliens vivant le long du fleuve Niger.

Je me réjouis aussi des fêtes et des goûters fréquents. Mon éblouissement se nourrit de tous les à-côtés qui n'existent pas au Mali, même si l'école s'y calque sur le système français. De même, aux vacances d'été, je découvre les joies du chant, de la randonnée et des boums lors des colonies à La Bourboule, organisées par la municipalité des Hauts-de-Seine.

Ma scolarité se déroule sans accroc, grâce à la surveillance maternelle. Il n'est pas question de rentrer avec un mot de blâme dans le carnet ! La classe m'émerveille autant que le reste, depuis les murs crème bien propres jusqu'au joli bureau en bois de la maîtresse.

Dans ce décor enchanté, je m'épanouis à tel point qu'en octobre c'est moi, nouvelle arrivée, que mes camarades élisent déléguée de classe, bien qu'ils se connaissent depuis le CP. Me présenter à cette élection revient à plonger tête la première dans mon nouveau milieu. Diriger, décider, argumenter, convaincre… La société africaine, en cherchant à étouffer ces initiatives chez les filles, m'en a paradoxalement très tôt inoculé le virus. Sur l'armoire de ma chambre, à côté de l'emploi du temps, j'ai scotché cette devise : « Quand on ne fait pas tout pour être le premier, le devenir ou le rester, on ne demeure pas le deuxième. On tombe fatalement le dernier. » J'ignore alors que l'auteur de la citation, le maréchal Lyautey, s'illustra dans les guerres coloniales. Se fixer un objectif et s'y tenir à force de volonté, voilà ce que je retiens de son message martial…

Plus tard, pour la fête de fin de CM2, je serai nommée animatrice du spectacle, chargée d'annoncer les changements de numéro devant tous les élèves et leurs parents.

Disons-le tout net, j'adore l'école. La plus belle invention humaine ! Quand les vacances commencent, elle me manque aussitôt. Les cours, les amis, les activités, ce rythme intense. La course, à la récréation de l'après-midi, pour rejoindre la marelle avant les autres, sortir mon sac de billes ou mon album d'images Panini. Nous sommes toujours contents quand la classe reprend, jamais en retard ni absents. Oui, aussi loin que remonte ma mémoire, c'était bien là mes sentiments d'alors. Le temps, en dépit de sa capacité à ripoliner le passé, n'a pas créé de factices souvenirs heureux.

Mon choix de carrière doit beaucoup à ce que je remarque dès les classes de primaire : la bienveillance, la belle attention dispensée par les adultes aux élèves. J'apprécie de voir la maîtresse s'inquiéter pour l'un ou l'autre, d'une voix douce, en prenant son temps. Pour que le ton monte, il faut vraiment que la faute soit sérieuse. Tout le contraire de la rigidité du système malien : j'ai connu le temps où on y pratiquait encore les coups de règle sur les doigts des élèves et autres châtiments corporels.

Je suis marquée par la découverte des contes français, si différents des histoires des griots maliens, et par une leçon de géographie où je m'étonne que la maîtresse dise « le fleuve » en parlant de la Loire. Pour moi, « le fleuve » désigne le Niger qui coule à côté de la maison de mon oncle. Est-ce que par hasard, en France, « Niger » se dit « Loire » ? Non, il s'agit d'un fleuve différent. Il y en a même d'autres. Et ils ont des affluents, par-dessus le marché !

*

Contrairement à mon jeune frère, dont l'intelligence aiguë sort du commun, je suis une élève moyenne. Sérieuse et attentive, oui. Mais travailleuse, non. Cette force-là me viendra plus tard.

Nous sommes très bien acceptés dans l'école et dans le quartier, où nous avons la réputation d'enfants adorables et bien élevés. Notre petit appartement est le théâtre permanent d'un défilé de copains. Nous faisons corps avec cette commune comme si nous y avions toujours vécu.

Mais, en 6e au collège Jean-Macé, je me sens moins bien. En primaire, j'étais une élève populaire, la déléguée très active. Là, je redeviens « Mlle Tout-le-Monde ». Je n'aurai pas le temps de trouver ma place car, en cours d'année scolaire, ma mère nous annonce notre retour au Mali, où elle va se remarier.

Adieu, donc, Clichy, que je quitte sans souvenir du moindre soupçon de racisme ou de méfiance à mon égard.

5

Bamako, 1986 : enfin de l'espace

Lorsque nous regagnons Bamako après nos quelques années à Clichy, la famille s'installe avenue Nelson-Mandela, au cœur du quartier de l'Hippodrome. Dans ce secteur bourgeois de la capitale, à l'écart des rues bruyantes du centre-ville, des maisons de construction récente accueillent beaucoup d'Africains expatriés, de retour de l'étranger. Ma mère a choisi une vaste demeure où je trouve l'espace qui manquait tant dans l'appartement de l'avenue Jean-Jaurès. C'en est fini de la chambre partagée et des lits superposés. En découvrant la cour, nous décidons d'y planter chacun un manguier. Je choisis avec soin mon emplacement, sous les fenêtres de la chambre de ma mère. Plus tard, des travaux obligeront à déraciner certains arbres. Le mien, lui, a résisté, contre vents et tempêtes.

L'école de Missira où j'entre en classe de 5ᵉ se trouve dans un autre quartier, à bonne distance de chez nous. Son magnifique décor me guérit vite de la grisaille et des sinistres grilles qui avaient assombri ma dernière année scolaire au collège Jean-Macé de Clichy.

Au cœur du terrain complètement ouvert sur les champs voisins, les salles de classe de plain-pied, en enfilade, mènent aux bureaux de l'administration et du directeur. Je dois me passer des joies de la cantine – ici, à l'heure du déjeuner, des vendeuses ambulantes viennent proposer des friandises et des en-cas – et du confort occidental. Les pupitres à deux places, surnommés « bancs », sont fournis par les familles aisées au profit des plus modestes. Faute d'eau courante, nous plongeons nos seaux dans le puits. Celui-ci devient le lieu et la source d'une indescriptible bousculade à l'heure où nous expédions la corvée imposée par le directeur : arroser et entretenir le potager qui jouxte son bureau, cultivé par les élèves, même s'il s'en réserve la production.

Si l'équipement est plus rudimentaire qu'en France, au moins, dans cet établissement dénué de portes et de fenêtres, je respire.

6

« La petite pleureuse africaine »

À mon entrée en seconde à Bamako, mon ambitieuse maman m'a d'autorité inscrite en section scientifique. Elle espérait me voir ensuite poursuivre des études de médecine et devenir gynécologue. Fâchée avec les mathématiques mais passionnée de littérature, notamment française, j'ai bataillé, une fois le bac en poche, pour suivre un cursus en lettres ou en journalisme. Ce sera forcément à l'étranger car « Thatcher » en a décidé ainsi pour ses enfants, et ses choix ne se discutent toujours pas.

Depuis ma plus tendre enfance, je suis fascinée par le Canada, sans raison particulière sinon que son drapeau rouge et blanc, orné d'une élégante feuille d'érable, me délivre spontanément une image avenante du pays des trappeurs. Pour une jeune Malienne, ses basses températures suggèrent le comble de l'exotisme. Mais après le bac, quand je propose de m'envoler vers Montréal, ma mère met son veto : « Là-bas, on ne connaît personne. » Et quand j'objecte que l'un de mes frères va partir en Allemagne, où nous n'avons pas davantage d'attaches, sa réponse, encore une fois sans appel, me renvoie à ma condition féminine : « Lui, c'est différent, c'est un garçon. »

La France s'impose de nouveau.

*

Puisque je m'installe à Paris après le baccalauréat, le choix de mes options en première année de lettres obéit à des critères pragmatiques. Histoire ancienne, d'abord, pour appréhender le socle de cette société où je débarque en la connaissant mal. La découverte des trois ordres qui stratifiaient la France d'avant 1789 – clergé, noblesse, tiers état – me fascine. Et puis le latin, pour comprendre la culture d'une nation longtemps qualifiée de « fille aînée de l'Église ».

Issue d'un pays laïc mais majoritairement musulman et pratiquant, j'arrive dans un État sécularisé, quoique profondément marqué par la puissance religieuse, dans l'histoire et dans son héritage culturel. Comment les Français pensent-ils ? Réagissent-ils ? Sur quelles valeurs, quelles habitudes ? Dans un environnement méconnu, je cherche à comprendre pour éviter de trop souffrir. En somme, je m'applique à adopter ce précepte célèbre : « À Rome, fais comme les Romains. »

D'une logique impeccable sur le papier, ma démarche se heurte vite, en pratique, à de nombreux obstacles. Bien que bachelière d'un système malien calqué sur l'Éducation nationale française, je ne possède pas, en réalité, le même bagage que mes camarades de la Sorbonne.

En travaux dirigés, mon professeur de latin, un homme bougon et pénétré de son expertise en langues anciennes, ouvre de grands yeux et pousse les hauts cris en découvrant que je débute dans sa matière, alors que mes camarades connaissent les joies des déclinaisons depuis le collège.

De même, en littérature, je ne maîtrise pas la technique de la dissertation classique – redoutable spécificité nationale – et la qualité de mes devoirs écrits en pâtit. Sollicitée à chaque fin de cours, l'enseignante se refuse à me faire rattraper ce qui s'apprend normalement dans le secondaire. Je comprends qu'à la fac je ne retrouverai pas les maîtresses bienveillantes de l'école Jules-Ferry de Clichy.

*

Ma fierté m'interdit alors de mettre en avant mon parcours. Je n'ai aucune envie de donner l'image d'une petite pleureuse africaine incapable de s'en sortir toute seule. Depuis l'enfance, les doutes d'un professeur à mon égard me délivrent une décharge d'adrénaline. Prédisez-moi l'échec et je me nourrirai de ce défi implicite pour vous prouver le contraire.

J'éprouverai la même hargne à vaincre les obstacles, des années plus tard, au moment de passer les concours de l'Éducation nationale pour devenir cheffe d'établissement. À la Sorbonne, je préfère donc poser d'innombrables questions puis me replonger dans l'étude le soir. Je passe un temps ahurissant dans mes livres. L'apprentissage du latin se révèle particulièrement difficile – il m'en reste tout juste assez de notions, aujourd'hui, pour déchiffrer les inscriptions au fronton des églises – mais, dans toutes les matières ou presque, je devrai chaque année repasser mes examens à la session de septembre. Je suis une étudiante moyenne qui se surpasse quand elle perçoit le manque de confiance des autres. Susciter la même pugnacité aujourd'hui chez les élèves dont j'ai la responsabilité, c'est tout le sens de la carrière que j'ai choisie.

7

Bamako, 1986 :
L'Avare *contre « le censeur sans visage »*

Collégienne à l'école de Missira, ma réputation s'établit le jour où je récite le monologue d'Harpagon dans L'Avare *sans infliger à la langue de Molière la moindre intonation africaine. « Au voleur ! au voleur ! à l'assassin ! au meurtrier ! Justice, juste Ciel ! Je suis perdu, je suis assassiné ! On m'a coupé la gorge, on m'a dérobé mon argent. » Grimée, portant chapeau et pantalon bouffant, je ne suis pas du style à ânonner mon texte comme le premier cancre venu : je réalise une véritable prestation théâtrale, récompensée par le 20/20 du maître, les applaudissements de ma classe et ceux du reste de l'école. En effet, l'absence de portes et de fenêtres permet non seulement de mieux respirer, mais transporte aussi ma voix jusqu'aux autres salles. L'indigence des moyens, on le voit, présente parfois certains avantages.*

J'aime beaucoup cette pièce de théâtre et sa dénonciation des grippe-sous. Bien sûr, on n'est pas seulement avare de son argent ; on peut aussi l'être de ses sentiments et de son attention aux autres. Voilà bien le message que je souhaite envoyer ce jour-là au directeur, à mon professeur de français et à M. Gontaga, le censeur, qui manie la lanière de caoutchouc pour exécuter les punitions décidées par un maître. De cette brute, je me rappelle la grande taille et le pied-bot qui rendait son pas reconnaissable entre tous lorsqu'il venait accomplir sa basse besogne dans une classe. On l'aurait cru tout droit sorti d'un conte édifiant, destiné à procurer quelques frissons aux enfants à l'imagination fertile. Hélas pour nous, il s'agissait d'une créature de chair et d'os suscitant un effroi bien réel. En revanche, ma mémoire a occulté son visage, sans doute la conséquence de sa cruauté inhumaine.

Cet individu terrorisant symbolise un système scolaire où les châtiments corporels restent monnaie courante, une société où les enfants sont considérés pour les bras supplémentaires qu'ils fournissent au travail. Certes, ils nous inspirent de l'amour, mais ils comptent avant tout pour l'aide qu'ils peuvent apporter. Aux antipodes de l'enfant-roi et de l'école bienveillante découverts à Clichy, je me sens en décalage dans mon pays d'origine, où ce censeur sans âme et les autres adultes ont pour mission de dresser les élèves avec rigueur, rigidité et indifférence.

BAMAKO, 1986…

Sans en avoir conscience sur le moment, je me forge la conviction, depuis lors bien ancrée en moi, qu'éduquer, enseigner, transmettre sont, au contraire, des actes d'un absolu altruisme. Plus tard, l'accomplissement de mes missions sera guidé par cette affirmation de la philosophe Simone Weil : « L'attention est la forme la plus rare et la plus pure de la générosité. »

8

Les « Noiraudes » de la Sorbonne

Par pure provocation, j'ai surnommé ironiquement mon groupe de copines « les Noiraudes ». L'étiquette est restée et nous sommes demeurées en contact. Sur les nombreuses photos de nos années de lettres modernes, qu'elles soient prises dans les travées du Grand Amphithéâtre, dans les cafés du Quartier latin ou chez l'une ou l'autre devant nos livres ouverts, nous sommes inséparables. Quatre jeunes filles qui se sont mutuellement séduites au premier coup d'œil, lors de l'accueil magistral des nouveaux étudiants par le président de l'université. Quatre Noires.

*

Les circonstances sont solennelles, ce matin d'octobre 1994, dans la cour majestueuse où plusieurs dizaines d'étudiants se massent avant de rejoindre leurs salles respectives.

De retour en France après mes études secondaires et mon baccalauréat obtenu à Bamako, j'éprouve une immense fierté à l'heure de mes premiers pas dans ce temple du savoir. Mais je me sens aussi légèrement perdue. En prenant soin de ne pas tourner le dos à la monumentale statue de Victor Hugo, je regarde autour de moi. Comme si, à force de scruter la foule, un visage familier allait surgir par magie.

Et mes yeux s'arrêtent sur trois peaux noires.

En vérité, elles forment un dégradé subtil qui n'échappe pas à mon examen panoramique. Gladys, qui m'observe elle aussi avec curiosité, est une Guadeloupéenne-Martiniquaise à la peau très claire. Félicia est métisse sénégalo-capverdienne. Et Michelle, de parents ougandais et antillais, présente une peau aussi sombre que la mienne. Plus de vingt-cinq ans après, Gladys m'affirme que ce jour-là, au pied des marches de la chapelle de la Sorbonne, tous les autres visages étaient blancs.

Pourquoi cette affinité instantanée entre elles et moi ? Elle n'allait pas de soi car nos parcours sont aussi divers que nos pigmentations sont nuancées. Alors que j'arrive tout juste du Mali, elles ont grandi ici, à Paris ou en banlieue, où elles vivent encore, chez leurs parents ou du moins avec leur aide financière. Par la suite, notre complicité deviendra profonde grâce à notre travail collectif, aux expériences et aux fous rires partagés.

Au fond, je me moque bien de la nuance du visage de Gladys et des subtils distinguos, aux Antilles, entre métis, mulâtres ou quarterons. Elle est avant tout mon amie.

Mais au départ, nous, les « Noiraudes », nous nous trouvons littéralement non tant par affinités électives que par « captation épidermique », en raison de ce point commun évident, avant même d'avoir échangé une parole.

Dans les multiples établissements scolaires où j'ai travaillé depuis près de trente ans, j'ai souvent observé de tels regroupements. Ce n'est ni plus ni moins qu'une forme de communautarisme à l'œuvre dans la cour, au réfectoire ou en classe.

Comme des milliers d'élèves, je me rapproche dès le premier jour de ces étudiantes qui me ressemblent, pour me rassurer, convaincue qu'elles ont traversé les mêmes expériences que moi et qu'elles se sentent elles aussi perdues dans les couloirs de la Sorbonne.

*

Après la rentrée, le hasard place notre quatuor dans le même groupe de travaux dirigés en littérature comparée. En cours, où les effectifs sont plus importants, notre différence n'en ressort que plus fortement, même quand une cinquième amie intègre la petite bande. D'origine grecque, Georgia est blanche comme le marbre du Parthénon. Pourtant, nous restons « les Noiraudes ».

Ma première année d'études supérieures débute dans l'euphorie. Le bâtiment de la Sorbonne m'émerveille. La pierre de taille me parle, tout comme l'atmosphère du Grand Amphithéâtre dont je connais chaque recoin teinté de vert à force d'heures passées, le nez en l'air, à scruter *Le Bois sacré*, l'immense toile de Puvis de Chavannes qui domine l'estrade, ou les statues nichées à mi-hauteur, dont je note les noms – Descartes, Lavoisier, Richelieu – afin de mener des recherches par la suite.

L'animation du Quartier latin me ravit tout autant. Je plonge avec bonheur dans l'ambiance de ses cafés, de ses cinémas et de ses librairies. Celle des éditions Présence africaine, rue des Écoles, me compte fréquemment parmi ses visiteurs. Quelle joie d'y retrouver, parmi d'autres auteurs fétiches, le Sénégalais Abdoulaye Sadji, dont on m'a si souvent offert le roman *Maimouna*[1], puisque c'est mon prénom complet. L'histoire d'une jeune fille innocente et rêveuse…

En cours, je me passionne pour les auteurs italiens (Italo Calvino), hispanophones (José Luis Borges) et russes. Les nouvelles de Nicolas Gogol, en particulier, m'incitent à écrire mes premiers textes, certains inspirés par *Le Nez*, l'histoire fantasmagorique d'un

1. Présence africaine, 1953.

homme soudain privé de son appendice nasal, qui part à sa recherche et finit par le croiser sur un pont de Saint-Pétersbourg, vêtu d'une redingote brodée de fil d'or.

*

Pourtant, la vie d'étudiante n'est pas toute rose.

À la veille du départ, ma mère m'a confié une partie de ses économies. Cela semblera banal aux jeunes femmes d'aujourd'hui mais j'éprouve une immense fierté en ouvrant mon premier compte en banque puis en gérant mon argent seule, une indépendance inédite au Mali et d'ailleurs pas si ancienne en France.

Mais rapidement, je dois subvenir à mes besoins. L'après-midi, je quitte les vastes perspectives de la Sorbonne pour la froide promiscuité d'une station de métro, où je tiens la caisse d'une boutique à l'enseigne de « La Petite Maison dans la gare ». En servant aux clients des portions de plats tout prêts sous vide, je me familiarise avec la cuisine européenne – l'osso bucco, le poulet basquaise, le sauté de veau aux carottes et petits pois – mais les heures s'étirent interminablement. Plus tard, j'enchaînerai sur un second emploi de caissière dans un hypermarché Mammouth de la proche banlieue, de dix-huit à vingt et une heures chaque soir.

Ensuite, il faut encore lire, bûcher, réviser, préparer des exposés. Je loge successivement dans une chambre de la résidence universitaire, dans un foyer de jeunes travailleurs, en colocation dans un studio du 11e arrondissement aussi minuscule que coûteux. Là, je tourne en rond entre quatre murs bien trop rapprochés à mon goût. J'étouffe. Les grands espaces du Mali me manquent. Baobab, mon vénérable baobab, sauras-tu jamais combien j'ai rêvé de toi ?

9

Madame Bovary et la découverte de l'entre-soi

À Paris, je me suis inspirée plus d'une fois de ma scène de *L'Avare* jouée à Bamako pour transformer mes exposés en moments théâtraux. À l'oral, je ne possède pas plus la technique de la critique littéraire que dans mes dissertations, mais je m'en sors en déployant ma connaissance profonde et passionnée des œuvres à présenter et en jouant de ma voix pour captiver l'auditoire, à défaut de respecter les canons de la prosodie académique.

*

Ainsi, un jour, en travaux dirigés de littérature, je me porte volontaire pour analyser *Madame Bovary*. Mon amour pour l'œuvre de Flaubert date de Bamako, où j'étais une habituée de la bibliothèque d'emprunt du Centre culturel français. Je m'identifie à Emma comme à d'autres femmes fortes du roman du

XIXe siècle, notamment les héroïnes de Balzac et de Zola.

Devant la classe, je livre un exposé sans notes, m'appuyant à peine sur une liste de mots-clés choisis avec soin pour décrire l'amour et la violence qui exaltent et détruisent cette femme infidèle. Ce roman, j'en suis imprégnée, presque jusqu'à l'ivresse.

À la fin, l'enseignante me réprimande gentiment pour l'aspect fort peu orthodoxe de mon travail, mais elle loue ma flamme, mon enthousiasme et mon irréfutable familiarité avec le texte.

À la sortie, ma prestation me vaut enfin l'intérêt des autres filles du cours. Jusque-là, bien peu d'étudiants ont daigné porter la moindre attention aux « Noiraudes ». Dans les TD où je suis séparée des trois autres – c'est le cas de celui-là – l'isolement me pèse. Flattée par le petit attroupement qui se forme après l'exposé, je réponds aux questions des curieuses.

Je le fais très naïvement, sans percevoir tout de suite que les félicitations de la professeure m'ont rendue, non pas séduisante ou passionnante à titre personnel, mais fréquentable à leurs yeux en raison de ce qu'elles déduisent de ma performance. Leur démarche n'a rien de désintéressé. Pour comprendre aussi bien Flaubert, imaginent-elles, j'ai forcément dû être formée dans un « bon » lycée parisien, ce qui ferait de moi un contact précieux. J'ignore alors la force des réseaux de copinage qui maillent la société française. Chercher à savoir de quel lycée je viens signifie en réalité qu'elles me supposent issue d'Henri-IV ou de Louis-le-Grand, et non de la première cité scolaire venue.

Totalement ignorante de cette hiérarchie entre établissements scolaires de la capitale, je réponds au premier degré. « J'ai passé le bac au lycée Askia-Mohamed de Bamako. » Et là, je sens que je les perds. Immédiatement, une certaine distance se réinstalle. La lueur d'admiration quitte leurs yeux. Elles sont déçues…

Tout enfant élevé hors du sérail ou de l'élite fait ce type de découverte au début de ses études. Si vous êtes né dans une famille modeste, si vous appartenez, chez les vôtres, à la première génération propulsée dans l'enseignement supérieur, surtout dans les universités prestigieuses et les grandes écoles, vous vous retrouvez parmi des jeunes gens familiers des rouages d'un système qui vous échappe. Dans mon cas, mes origines étrangères et la couleur de ma peau intensifient la sensation de décalage. Les codes scolaires français n'ont pas été déposés dans mon berceau par des parents diplômés.

*

Au-delà des couloirs de la Sorbonne, tout me déconcerte en redécouvrant la France. En apparence, je suis une jeune femme de vingt ans comme les autres, portant jean *baggy* et imposantes baskets blanches, personnalisées à la peinture noire ou rouge. J'ai été biberonnée, comme toute ma génération de Buenos Aires à Kuala Lumpur, aux clips de rap et de R'n'B américains.

Tupac et Boyz II Men, Nas et Michael Jackson, Whitney Houston, les Fugees et les autres, je les ai découverts depuis Bamako en captant la télévision française (l'émission *Hit Machine* de M6 en particulier) ou américaine (MTV). Dans le salon de l'avenue Nelson-Mandela, nous passions des heures devant ces vidéos, copiées sur des VHS pour les échanger entre amis. En dehors de l'Afrique du Sud, les pays du continent ne figuraient jamais au programme des tournées de ces artistes internationaux, mais leur influence s'est vite fait sentir. Quelques groupes locaux étaient apparus et commençaient à rapper en bambara. Cela changeait des concerts de musique traditionnelle…

Une fois à Paris, je me plonge naturellement dans le rap local, en particulier IAM et MC Solaar dont les textes m'apparaissent plus écrits, dotés d'une vraie valeur littéraire. Lors de mes années à Clichy, j'avais aussi été sensible à la variété française, notamment à Daniel Balavoine et à Jean-Jacques Goldman, comme tout jeune qui a grandi en France dans les années 1980.

Bref, je maîtrise les références culturelles communes aux Français de ma génération. En revanche, malgré l'acquis de mes années passées à Clichy, il me manque de nombreux codes sociaux.

*

Au retour à Bamako, j'ai été déboussolée en replongeant dans une société inégalitaire et patriarcale, mais frappée aussi par l'immense solidarité africaine. Dans notre quartier aisé, les familles n'oubliaient jamais de déposer, sur le seuil de leurs maisons, des vivres et de l'eau fraîche destinés aux plus modestes qui empruntaient notre rue pour se rendre au marché.

Lorsqu'on manque de tout, au Mali, il y a toujours quelqu'un pour vous donner un petit quelque chose. À Paris, on peut crever dans la rue au milieu d'une foule individualiste, malgré le travail admirable des associations. Mes sentiments sont donc ambivalents. Si je suis heureuse et fière d'étudier dans la Ville Lumière, je me sens déplacée, seule au monde.

De nouveau, je suis hantée par la nostalgie du fleuve, de mes amis, de nos chasses aux lézards et aux caméléons.

*

Vivre à Bamako m'a redonné l'habitude, un temps perdue à Clichy, de saluer toute personne croisée sur mon chemin, connue de moi ou pas. Dans le métro parisien, chaque matin, je lance donc un « bonjour » en direction du guichet, j'en adresse un autre aux passagers qui m'entourent sur le quai, puis un troisième en montant dans la rame. À la bibliothèque Sainte-Geneviève, où je me rends régulièrement pour travailler, j'observe le même rituel, provoquant la stupeur des autres usagers de la salle de lecture quand mon salut cordial déchire le silence religieux... Résultat, les premières semaines, je dois me forcer et m'admonester *in petto* – « Tu vas te taire, oui ? » – pour me caler sur l'indifférent quant-à-soi français. Un comble ! Pour me fondre dans cette société et en adopter les mœurs, il m'a fallu abdiquer ma sollicitude envers autrui, pourtant consubstantielle à mon éducation. Heureusement, depuis, le naturel est revenu au galop !

Dans cet effort d'adaptation accélérée, je me remémore souvent les leçons des contes africains, les *zirins*, comme on les appelle en bambara. Racontés aux enfants le soir avant le coucher, ils sont chargés d'histoires, de savoirs, de connaissances. Dans les villages reculés, les jeunes non scolarisés apprennent les règles de vie primordiales au son de ces récits colportés par les griots.

Les premières vagues d'immigration depuis l'Afrique noire, dans les années 1970, ont mené en France une majorité d'hommes seuls, souvent issus des zones rurales. Peuplant les foyers Sonacotra, ils ne savaient pas toujours lire ni écrire, mais possédaient une étonnante capacité d'adaptation à leur pays d'accueil, acquise, justement, grâce aux enseignements délivrés par ces contes.

Dans l'un d'entre eux, on apprend par exemple à rester debout dans un lieu où personne ne s'assoit. À leur manière, ils contribuent à montrer comment s'adoptent les codes de l'endroit où l'on vit, à inculquer la nécessité de comprendre les différences, mais aussi de repérer les similarités. Dans un autre conte, je découvre ainsi qu'une « réponse de Normand », comme l'on dit en France, est l'exact équivalent d'une « réponse à la peule », cette façon de s'en sortir par une pirouette sans vraiment se prononcer. Même pour moi qui ai grandi en ville et suis issue d'une famille éduquée et francophone, la tradition orale des *zirins* se révèle précieuse. Elle m'aide à déchiffrer les codes qui me déconcertent, m'évitant ainsi de rester enfermée dans ma condition.

*

Les différences de comportement entre Français et Maliens m'avaient bien sûr sauté aux yeux lors de mon premier séjour ici. Pourtant, cette fois, je suis seule, sans maman, sans la fratrie. Mon trouble s'en trouve décuplé.

À la fac, on m'ignore et mes tentatives de nouer des contacts se soldent par des échecs. À deux pas du Grand Amphithéâtre, le local de la radio de l'université, animée par un groupe d'étudiants, m'attire comme un aimant. Mais la fois où je passe une tête à la porte, je suis très mal accueillie, de sorte que je n'ose pas y retourner. J'apprendrai plus tard que l'antenne était gérée par l'Uni, syndicat étudiant de droite, dont nombre d'affiliés, à cette époque marquée par l'essor du Front national, affichaient leurs sympathies extrémistes. Confier une émission à une Traoré n'entrait sans doute pas dans leurs projets. Dommage, car au micro, j'avais de l'expérience à revendre.

10

Bamako, studio de Radio Liberté, 1989 : « Devenir la Anne Sinclair du Mali »

Déjà fidèle auditrice de RFI lors de ma première venue en France, j'ai découvert, sur mon lit superposé de Clichy, les radios libres qui essaimaient alors sur décision de François Mitterrand. Au Mali, quelques années après notre retour, les ondes s'ouvrent aussi à de nouvelles voix. Le monopole étatique de l'ORTM (l'équivalent malien de l'ORTF) se fissure timidement. Des hommes d'affaires venus de Côte d'Ivoire et du Sénégal créent des stations chez nous. D'abord Bamanan, en partie publique dans mon souvenir, puis surtout Radio Liberté. Je participe à l'aventure dès le début.

*

Entre la fin de mes années de collège et mon entrée en seconde au lycée Askia-Mohamed, dès l'âge de quinze ans, j'ai commencé à proposer des articles à divers journaux. Le point de départ en est toujours un sujet qui me révolte, souvent en rapport avec le sort des enfants. Par exemple, dans un quartier de Bamako, je cherche à établir le nombre de guerebous, *ces petits de quatre à huit ans, confiés aux écoles coraniques et envoyés mendier au profit du maître, de son établissement ou de sa famille. Pour raconter leur existence dramatique, je procède par sondages – en réalité, des micros-trottoirs – afin de glaner le plus possible d'informations sur leur compte. Je m'en sers pour dénoncer la maltraitance dont ils sont victimes, et plus généralement l'indifférence des adultes et de l'État dans cette société avec laquelle je viens de renouer. Plus d'une fois, en allant à la rencontre des enfants pour les interviewer, j'ai dû m'enfuir avant de me faire confisquer mon précieux petit magnétophone par des hommes que mes enquêtes dérangeaient. Qu'importe, je suis galvanisée par ma mission et me sens comme une espionne en opération secrète. N'est-ce pas l'époque où un mur de ma chambre s'orne d'une affiche de la célèbre Mata Hari ?*

En vue d'être publiée, je sollicite les journaux de Bamako. Sans prendre rendez-vous, je débarque dans les locaux, trouve le directeur de la rédaction et, convaincue de la valeur de mon travail, lui glisse mon article en exposant toutes les bonnes raisons de l'inscrire au menu de sa publication. Nullement impressionnée, j'enfonce les portes avec l'enthousiasme de ma jeunesse et l'audace d'une jeune fille dans la société malienne, contrainte de dépasser les bornes pour se faire entendre.

Faute de succès du côté de la presse écrite, j'use du même procédé pour me présenter chez Radio Liberté. À ce stade de son histoire, la station lancée sur la bande FM, fréquence 97.7, diffuse uniquement de la musique.

Au deuxième étage d'un immeuble tout juste sorti de terre, aucun bureau n'encombre ses locaux presque inoccupés. À droite en entrant, une petite cabine de mixage jouxte le studio chichement équipé d'une table et d'une chaise. À gauche, la pièce vitrée du directeur, tout aussi modestement meublée, leur fait face. Ce monsieur rondouillard, plus petit que moi, me reçoit avec bienveillance mais mon projet le laisse dubitatif. Il faut dire que je ne lui propose rien de moins que de devenir sa première animatrice, au micro d'une émission de libre antenne, en lui avouant une expérience de la radio aussi limitée que la sienne.

Même s'il me tient visiblement pour une illuminée, mon toupet et ma détermination le convainquent de me donner une chance. Mais pas question de laisser une lycéenne seule à l'antenne, il m'adjoint les services d'un apprenti journaliste encore étudiant, Sampi.

Pour lui, c'est un début de carrière, pour moi, un hobby, ou plutôt une mission. Sans contrat ni rémunération, je commence par plusieurs émissions consacrées à l'enfance, mon sujet de prédilection. Comme elles passent inaperçues, j'enchaîne sur un thème plus porteur auprès des auditeurs : les femmes et la beauté au naturel. Cette fois, l'audience est au rendez-vous.

Je me fais ainsi remarquer par un célèbre chroniqueur de la revue Jamana, *qui plus tard donnera naissance au quotidien malien d'information générale* Les Échos. *Sa rubrique « Les Blablateurs » dénonce avec humour les programmes de radio et de télé ou les articles de presse écrite qu'il juge trop futiles. À ses yeux, mes émissions féminines font de moi une « blablateuse en chef », comme il se met à me surnommer à longueur de colonne. Flattée par cette forme de reconnaissance, mais piquée au vif par ses critiques, je lui réponds à l'antenne et notre petit duel à fleurets mouchetés dure jusqu'à ce que nous nous rencontrions, devenions amis et collaborions au sommaire de sa publication.*

De même, sur la radio concurrente Bamanan, qui émet en bambara, l'animateur-vedette se moque de moi et de mes émissions de « toubab » diffusées en français. Nous nous interpellons sur les ondes. Dans le crescendo de notre joute verbale, j'en arrive à le défier de me rejoindre en studio. Et le voilà qui débarque en direct ! Nous pratiquons le clash et le buzz avant l'heure.

Forte de cette notoriété naissante, je cherche ensuite à me faire confier l'animation d'une émission à la télévision. Avec mon culot devenu une marque de fabrique, je fais le siège du ministère de la Communication, où j'interpelle régulièrement le ministre et les fonctionnaires pour les convaincre de me donner une chance sur le petit écran, en leur proposant un programme destiné aux jeunes. Avec le sourire, ils s'habituent à ma présence et à mon numéro de poil à gratter du pouvoir.

Débordant de projets et d'envies, je décroche aussi un petit rôle dans un film du cinéaste malien Cheick Oumar Sissoko. Bien que modeste, cette figuration me tient à cœur car j'interprète l'avocate d'une jeune femme que la misère, l'isolement et l'interdiction de l'avortement ont acculée à l'infanticide. Porter la robe noire et le col blanc pour défendre une femme – les femmes ! – me rappelle la véritable plaidoirie prononcée par Simone Veil en faveur de l'interruption volontaire de grossesse, dans un hémicycle de députés presque tous hommes : « Je voudrais tout d'abord vous faire partager une conviction de femme[1]. »

*

C'est l'époque où le journaliste Jean Hatzfeld, spécialiste de l'Afrique au quotidien français Libération, *me consacre un article dans un hors-série publié pour*

1. Simone Veil, discours à l'Assemblée nationale du 26 novembre 1974.

le vingtième anniversaire du journal[1]*. Cet album donne la parole à de nombreux jeunes gens de vingt ans, partout dans le monde, sous forme de portraits. Le mien occupe quatre pages, sous le titre « Je me vois bien célèbre ». Sur le moment, ce choix ronflant m'irrite. Mais il est vrai que j'ai confié au journaliste vouloir devenir « la Anne Sinclair de Bamako ».*

Dans les couloirs du ministère, cette publication ne passe pas inaperçue. À mon impertinence coutumière, j'ajoute une dose d'ironie : « Eh bien, faut-il donc obtenir un article à Paris pour être reconnue à Bamako ? C'est à désespérer ! »

1. « 1973-1993, un nouveau monde : l'album », hors-série de *Libération*, 1993.

11

« Attention, cet ancien port négrier est une ville raciste ! »

Mon départ en France a interrompu ma carrière médiatique. Sur la lancée de mon expérience radiophonique, ma première idée, en quittant le Mali à vingt et un ans, demeure toutefois de poursuivre dans la voie du journalisme, en commençant par étudier à Sciences Po. Arrivée trop tard pour le concours de l'Institut d'études politiques de Paris, j'ai tenté ma chance à Bordeaux. À ma grande surprise, l'hypothèse d'une installation dans cette ville alarma mon entourage. Des camarades de révision à la bibliothèque du centre Beaubourg, parisiens ou lyonnais, aussi bien que des Maliens familiers de la France, me mirent en garde : « C'est une ville raciste, fortement marquée par son histoire d'important port négrier, la société locale ne va pas t'accepter. »

Aujourd'hui, je suis persuadée que Bordeaux n'est pas plus raciste qu'une autre métropole, mais cet avertissement m'a marquée, comme si j'avais franchi une étape. Pour la première fois, je me suis mise à réfléchir à l'histoire de l'esclavage, vu du côté occidental.

*

À l'instar de tous les jeunes Maliens de ma génération – de tous les Noirs africains, en vérité –, la marchandisation des êtres humains occupait déjà mon imaginaire, même si je n'en savais pas grand-chose. Nous avions tous en tête de dramatiques images du port de l'île de Gorée, dans la baie de Dakar, carrefour de la traite négrière vers l'Amérique pendant trois siècles. Dans un livre feuilleté au Centre culturel français de Bamako, j'étais tombée en arrêt devant une image d'esclaves entassés en fond de cale. Cette même bibliothèque m'avait donné accès, à la fin de l'adolescence, aux grands auteurs de la négritude. Aimé Césaire, Léopold César Senghor ou encore l'Ivoirien Ahmadou Kourouma, dont un roman, *Les Soleils des indépendances*[1], situant l'intrigue dans une république imaginaire, évoque puissamment le port de Gorée. Sans avoir encore visité les lieux, je m'y laissais souvent transporter par la pensée, comme dans une projection cinématographique, sillonnant l'île et parcourant les quais dans la rumeur des vagues,

1. Presses de l'université de Montréal, 1968.

parmi les milliers d'âmes en partance pour les plantations américaines.

Ma découverte de la négritude restait pourtant purement littéraire, magnifique mais presque théorique. Fervente lectrice, alors sensible avant tout à la beauté de la langue, je passais quelque peu à côté des intrigues et des thèmes importants développés par ces grands auteurs. À mes yeux d'adolescente, leur écriture édulcorait la violence de leurs récits.

*

De mon côté, dans ma vie quotidienne, dans les interactions entre individus, je n'avais pas encore vu, ni vécu, de comportements racistes.

À Bordeaux, à l'aube de mon installation définitive en France, j'étais allée passer les épreuves de l'IEP (auxquelles j'ai échoué en raison d'une note éliminatoire en anglais, mon point faible), non pas me pencher sur l'histoire négrière de la ville.

Mais l'inquiétude de mes proches me mit en alerte et mon premier contact de jeune adulte avec la France s'en trouva fortement marqué. Je l'ignorais encore, mais je découvrirais bientôt beaucoup plus concrètement les traces laissées par l'héritage colonial dans les représentations. Et plus précisément dans le regard porté par la société française sur une jeune femme noire.

II

La condescendance

12

« Sans penser à mal »

Avant les mots, les attitudes parlent d'elles-mêmes de manière parfaitement éloquente : une posture corporelle sur la défensive, tout en recul, une poignée de main molle, un regard fuyant, un groupe qui se ferme sur lui-même pour vous exclure du cercle. Cela arrive dans le cadre professionnel, lors d'une réunion amicale, au cours d'une occasion mondaine.

Surgissent aussi les méprises, d'autant plus révélatrices qu'elles sont accomplies en toute bonne foi, « sans penser à mal » – bien sûr ! Me prendre pour une nounou, devant l'école d'un quartier bourgeois et bobo où j'attends mes enfants, pour une dame de service si je me tiens dans la loge de l'établissement que j'administre, pour une surveillante quand j'accompagne une sortie scolaire, ou pour la gardienne du lycée que je dirige lorsque je sors les poubelles – comme s'en occupent à tour de rôle, le week-end, tous les occupants des logements de fonction.

Les sensations qui m'investissent dans ces moments-là sont difficiles à décrire. Elles sont subtiles, parfois aiguës, parfois insaisissables, sur le fil de la colère et de la lassitude. La lassitude d'y retrouver soudain un goût de familiarité. Mais je me garde bien de me laisser submerger par des émotions. Ni mon affectivité ni ma réceptivité personnelle ne sont en cause.

Je conçois pourtant que la manière dont je perçois ces signaux pourrait être suspecte de subjectivité ou d'idéologie. Malheureusement, ces moments se répètent bien trop fréquemment et de manière trop similaire pour relever d'une hypersensibilité ou d'une vision paranoïaque.

En effet, toute personne noire, j'en ai la conviction, se reconnaîtra dans ces situations quotidiennes et pourrait aisément ajouter mille anecdotes aux miennes, raconter tous ces moments où, le contexte ne permettant pas de nous situer socialement, nous sommes nécessairement classés dans des rôles subalternes, conformes aux préjugés. L'un de mes frères a, de longue date, renoncé à porter ses costumes favoris quand il se rend dans les grands magasins ou au centre commercial, car on le confond trop souvent avec un vigile.

Même si nous préférons en rire et affecter de prendre ces épisodes avec légèreté, nous savons, au tréfonds de nous-mêmes, à quel point leur répétition nous atteint gravement. À la longue, je suis parvenue à développer une sorte de sixième sens. Moi, j'appelle cela « le pif », une capacité presque extralucide à détecter immédiatement que je ne suis pas la bienvenue dans une pièce ou un lieu public, qu'on ne s'attendait pas à « ça » en rencontrant Mme la Proviseure.

Le point commun entre tous ces incidents ? Leurs auteurs éprouvent tout simplement un étonnement, impossible à refréner, de voir une femme noire ailleurs qu'à la place qu'ils lui attribuent spontanément, c'est-à-dire au bas de l'échelle.

*

Je ne partage pas les thèses les plus radicales de la pensée dite « postcoloniale » dans son analyse des rapports sociaux d'aujourd'hui à l'aune de l'héritage de la période de domination d'une partie du monde par une autre. Mais que des sociétés esclavagistes, dès l'Antiquité, puis des nations colonialistes aient pendant des siècles considéré et traité l'homme noir comme un être inférieur, voire sans âme, laisse forcément, j'en suis convaincue, de profondes marques dans le langage, dans les représentations symboliques et dans les psychés collectives. Comme des plaies ouvertes, des stigmates hérités d'usages séculaires qui vous enchaînent encore longtemps après que la loi les a prohibés. L'esclavage a été aboli, mais la disparition de l'asservissement mental représente une tâche de plus longue haleine.

Dans plusieurs interviews au cours des années 1960 et 1970, le boxeur et défenseur des droits civiques Mohamed Ali l'exprimait mieux que personne : « La couleur noire a toujours eu une connotation négative, s'enflammait-il. On associe le blanc à ce qui est bon et pur. Jésus-Christ est blanc, comme les anges ou la lessive, et le Président siège à la Maison-Blanche, alors qu'un chat noir est un mauvais présage, et ainsi de suite. »

Et il avait raison, si l'on songe à tout ce que véhicule notre couleur. Le noir sert d'emblème au « méchant » dans les films manichéens, et ceux-ci sont légion. Il symbolise la tristesse lorsque l'on « broie du noir » et marque le deuil dans les cultures occidentales. Il est la nuance de l'enfer, du démon, du cauchemar, dans quantité de représentations. De la nuit, des ténèbres, de ce qui est caché, inconnu, mystérieux, terrifiant.

Des siècles d'histoire ont forgé une certaine perception de notre rang dans la société humaine. Fort heureusement, presque plus personne ne nous croit « naturellement » inférieurs au nom d'une hiérarchie raciale qu'une science dévoyée s'est longtemps évertuée à établir. Mais ces conceptions ont laissé des traces plus durables que leurs sinistres théoriciens.

De ce point de vue, la France universaliste ne fait pas exception. Comment s'en étonner dans un pays où le Code noir de Colbert, en 1685, donnait droit de vie ou de mort sur les esclaves noirs ? Personnellement, je me méfie des revendications visant à débaptiser des rues ou des établissements scolaires. Plutôt que de changer la plaque d'un lycée Colbert, faisons en sorte d'y étudier cette période de l'histoire. Notamment, pour en mesurer la cruauté, les articles de ce fameux Code qui prévoit scrupuleusement, comme si elle n'était pas totalement arbitraire et absurde, une échelle de châtiments selon la faute présumée : mutilation des oreilles en cas de fuite, amputation d'un membre si récidive, peine de mort à la troisième tentative…

Pour me garder de tout anachronisme simpliste, je veux bien faire l'effort de me projeter quelques siècles en arrière et comprendre que l'époque d'alors ne pouvait être régie par les mêmes connaissances, les mêmes valeurs, les mêmes mœurs qu'aujourd'hui. Que, sans doute, il était loisible d'ignorer les exactions et les crimes qui se perpétraient de l'autre côté des mers. M. Voltaire lui-même, philosophe des Lumières, pourfendeur de l'esclavagisme, n'a-t-il pas, au moins indirectement, fait profit du commerce triangulaire ?

Mais comment des êtres humains ont-ils pu concevoir pour leurs semblables, mettre en mots et en application, de telles abominations ? Nier à l'autre sa qualité de semblable, le réduire à une machine à travailler, moins précieux qu'une bête ?

Regardant la série *Racines* adaptée de la saga d'Alex Haley[1], ou le film *Douze Ans d'esclavage*, d'après l'autobiographie éponyme de Solomon Northup[2], ce Noir américain né libre mais enlevé par des marchands en 1841, je sens bouillonner en moi le sang de la révolte et je ne peux m'empêcher de plonger mentalement dans cette époque atroce, où je me vois combattre, quitte à risquer ma vie.

Pure illusion sans doute. Pourquoi aurais-je mieux ou différemment résisté que toutes ces victimes, brisées à vie, à mort ?

*

Dans la France du XXIe siècle, ce passé lointain imprègne encore profondément les pensées.

Je ne parle pas des idéologues ouvertement racistes. Je vise tous ceux qui, « sans y penser », nous assignent des rôles et des traits de caractère. Et qui sont alors déstabilisés, ne serait-ce que fugacement, en présence de quiconque ne correspond pas à l'infériorité présupposée chez l'autre.

1. Alta, 1977.
2. Le Sycomore, 1980.

Qui suis-je, moi, femme et noire, pour prétendre m'élever au niveau d'un homme blanc ? Si je trébuche dans une conversation, si je suis surprise en flagrant délit d'erreur ou d'ignorance, la nuance de méfiance et de doute qui voilait les regards cède la place à une lueur de triomphe.

*

Je garde un souvenir net et cuisant de ma première inscription administrative à la Sorbonne. Ce jour-là, comme tout étudiant novice découvrant l'organisation des UFR, des TD à suivre et des UV à acquérir pour valider mon Deug, je peine franchement à défricher cette forêt d'abréviations. Formulaires en main, d'autres hésitent tout autant, mais c'est moi que l'on rabroue, au guichet, d'un méprisant « Enfin, tout le monde sait ça ! ».

Il m'arrive encore d'éprouver ce même sentiment, aujourd'hui, dans une soirée parisienne où chacun rivalise de références culturelles. Grande lectrice, passionnée d'art, férue de cinéma, je participe aux conversations sans aucune difficulté. Mais, si je me déclare déprimée par Michel Houellebecq ou insensible à *Eyes Wide Shut*, le dernier film de Stanley Kubrick, aussitôt mon fameux sixième sens décèle le subtil changement d'attitude à mon égard.

Ce malaise peut saisir quiconque se frotte à un milieu qui n'est pas perçu comme étant le sien. S'il s'agit d'un Noir, l'effet est décuplé. L'assistance peut souffler de soulagement quand l'évidence triomphe : si j'ai réagi à contre-courant, cela montre que je ne suis pas « au niveau ». CQFD. Une femme comme moi ne pouvait que se fourvoyer en s'immisçant dans de telles conversations, à l'image d'un enfant osant se mêler aux causeries des grandes personnes.

Tout se passe comme si je devais continuellement faire mes preuves, sans jamais y parvenir vraiment. La preuve de mes compétences, la preuve de ma maîtrise des codes sociaux. Et d'abord la preuve de ma nationalité française.

13

Bamako, 1912 : mon grand-père, né Français « toucouleur »

« Citoyen français, né de race toucouleur. *» Commerçant et propriétaire terrien au « Soudan français » – c'est ainsi qu'avait été rebaptisé le Mali en 1892 –, mon grand-père maternel s'était vu attribuer la nationalité du colonisateur dès sa naissance, comme en atteste son acte d'état civil du 21 juillet 1912. La mention additionnelle portée par l'administration – « toucouleur » – vise à distinguer les peuples selon leur couleur de peau. Les « Toucouleurs » désignent un groupe métissé issu de l'ethnie peule.*

À l'indépendance, en 1960, ma mère est donc française. Mais le faire reconnaître par le Service central d'état civil, situé à Nantes, exigera de longues et patientes démarches. Elle entame la procédure lors de notre installation à Clichy au début des années 1980. Les innombrables courriers échangés, alourdis d'une montagne de documents à fournir, la renseignent vite sur le parcours du combattant qui s'annonce. Mais « Thatcher » ne s'avoue jamais vaincue...

Tenace, lucide sur les lenteurs de l'administration, elle porte l'affaire devant les tribunaux avec l'aide d'une avocate. Quand nous rentrons au Mali, ses efforts n'ont pas encore abouti. Au total, il lui faudra sept interminables années avant d'hériter de la nationalité de son père et de pouvoir la transmettre à ses enfants.

Lorsque je reviens entamer mes études de lettres, en 1994, c'est chose faite.

14

« Vos papiers ! », *ter repetita*

J'ai été élevée dans le respect de l'autorité et de l'uniforme. Mais, ce matin de 1994, au troisième contrôle d'identité en trois heures, je finis par perdre patience.

Depuis 6 h 30, je déambule dans les salles d'attente et les halls de Roissy en rongeant mon frein. Je suis venue accueillir ma mère mais les panneaux électroniques annoncent un important retard de l'avion en provenance de Bamako. Sur la demande d'une première patrouille, je produis ma carte nationale d'identité – l'ancien modèle, tapé à la machine sur un rectangle de carton crème – et un document consulaire attestant du succès de nos démarches.

Retournée m'asseoir, j'observe le manège des agents. Ils contrôlent exclusivement des individus d'origine africaine, noirs ou maghrébins.

Plus loin dans le terminal, quand une deuxième patrouille se dirige vers moi, je comprends aussitôt et tends mes papiers avant même qu'on ne me les réclame. À la troisième interpellation, l'agacement et l'insolence de mes vingt ans dictent ma réaction. Après avoir réuni mes longues tresses en une sorte de monticule au sommet du crâne, j'y dépose ma carte ouverte en déclarant tout de go : « C'est pour vous faire gagner du temps et vous épargner la peine de me demander… »

Cette impertinence provocatrice leur déplaît fortement. L'un des policiers émet l'hypothèse que mes papiers sont faux. Je devrai patienter, le temps qu'il vérifie leur validité…

*

Si j'avais été blanche, les policiers ne m'auraient pas contrôlée coup sur coup à trois reprises, même avec mon look d'alors, inspiré du rap. Selon votre couleur de peau, l'attitude des forces de l'ordre change.

Dans les années 1990, surveillante dans un collège de Bagneux (Hauts-de-Seine) et résidente de la cité voisine, j'ai maintes fois observé que le comportement des agents, conforme à la loi dans les zones résidentielles de la ville, devenait plus familier, voire plus brutal, dans mon quartier.

Or cette inégalité de traitement n'est pas réservée aux jeunes soupçonnés d'avoir commis un larcin ou de vendre du cannabis. Fonctionnaire de l'ONU basé à Genève, mon frère se fait systématiquement contrôler à l'aéroport lorsqu'il atterrit en Suisse et à la frontière lorsqu'il se rend en France. Sa femme, australienne et blanche, jamais… sauf quand elle se fait un malin plaisir de réclamer un traitement identique à celui infligé à son mari.

*

Dans les interactions entre individus, je ne me perçois jamais d'emblée comme noire. Ma couleur de peau saute aux yeux des autres mais ne me vient pas à l'esprit. Seule l'attitude de l'interlocuteur, si j'y lis une réserve ou une réticence, vient me la rappeler.

Plus jeune, et donc plus naïve, mes antennes étaient moins sensibles à ce phénomène. Par la suite, il m'aurait fallu être aveugle et sourde pour ne pas percevoir la condescendance de certains comportements.

15

Quand le cercle se referme

Passé les premiers mois à Paris, l'atmosphère cosmopolite et tolérante du Quartier latin, symbole d'une culture universelle, m'apparaît rapidement pour ce qu'elle est : une illusion. En réalité, je l'ai vite découvert à mes dépens, les étudiants y reconstruisent de manière frappante un entre-soi très hermétique.

Dans l'un des cafés qui trônent tout autour de la place de la Sorbonne se tiennent régulièrement des débats philosophico-culturels. Une affiche apposée sur la porte annonce le prochain thème et permet de s'inscrire dans la limite des places disponibles. Avide de connaissances, de discussions et de convivialité, je m'y rends à plusieurs reprises, certaine d'apprendre de mes pairs et d'acquérir, en les côtoyant, les codes sociaux et culturels qui me font défaut.

En dépit de mes espoirs, je ne parviendrai jamais à intégrer ce forum. La première fois, ayant lu les œuvres du philosophe au programme ce jour-là, j'interviens très spontanément, sans doute à tort et à travers. Rétrospectivement, je suis convaincue que beaucoup d'étudiants présents souffraient des mêmes défauts. Mais, eux, ils étaient de la bonne couleur…

Dans cette arrière-salle, parmi une assistance fort peu colorée et nullement accueillante, mes tentatives échouent. Peu à peu, on me le fait sentir. La parole est donnée à un autre alors que je l'avais demandée avant lui. Les chaises s'avancent subrepticement vers l'animateur, le cercle se rétrécit, me laissant à l'arrière, à tenter vainement de participer bien que tout le monde me tourne le dos. Au cours des semaines suivantes, d'autres incursions me laissent le même sentiment de ne pas être à ma place. Même si l'on ne m'adresse aucune parole agressive, on sait me le signifier très clairement. Alors je finis par renoncer.

*

Il arrive que le cercle de l'exclusion se referme plus brutalement encore.

Un soir, accompagnant un ami à une soirée d'étudiants à laquelle je n'avais pas été personnellement conviée, l'accueil de notre hôtesse me frappe par sa froide violence. Aux invités assis en demi-cercle chez ses parents, dans un grand salon bourgeois du 8e arrondissement, elle sert du champagne avec toute la bonne éducation et le savoir-vivre dont elle est capable. Mon tour venu, elle passe devant moi sans s'arrêter, puis continue à remplir les coupes sans en omettre aucune autre.

Au moment du toast, je prends tout le monde de vitesse en levant mon verre vide et, dans un éclat de rire, je m'exclame : « Santé ! » Demeurés muets devant cette tentative de notre hôtesse de me rendre invisible, les convives sont manifestement gênés de me voir souligner leur complicité à son égard de manière aussi théâtrale. Ils se voient bien obligés de trinquer. Et moi de quitter les lieux.

Parfois les gens n'ont tout simplement pas envie d'avoir affaire à une personne noire, et ils n'hésitent pas à employer les moyens, si avilissants soient-ils, de nous le faire comprendre.

Je repense à une soirée au restaurant au Pays basque avec un couple d'amis – elle noire, lui blanc – où j'ai mis un certain temps à saisir qu'on n'allait pas nous servir. Nous étions attablés depuis un bon moment, mais la nappe restait désespérément vide. Personne ne nous avait accueillis ni tendu la carte, alors que des clients arrivés après nous sirotaient déjà un apéritif, menu en main. Croyez-moi, quand on n'est pas la bienvenue, on finit toujours par le sentir.

*

Alors que je suis étudiante, le sens de la repartie, voire la voix, me font défaut pour réagir à de tels comportements. Je suis comme frappée de stupeur, incapable d'analyser la situation. Y compris devant l'énormité de certaines paroles.

Dans ces années-là, alors que je séjourne dans le sud de la France avec un ami de Sciences Po, sa tante, qui nous accueille dans sa vaste demeure à la campagne, multiplie les signes d'affection à mon égard. Au bout de quelques jours, ayant perdu toute retenue, elle me lance ce cri du cœur : « Mahi, tu es une chic fille, drôle, dynamique et curieuse. Quel dommage que tu sois noire ! » Ma culture, mon goût pour la réplique, mon humour, tout lui plaît en moi… sauf ce léger « détail ».

En me rappelant l'incident, récemment, cet ami s'étonnait encore de mon silence. De fait, sur le moment, j'ai éclaté de rire, puis je suis passée à autre chose. Que voulez-vous répondre à ça ? Et, rétrospectivement, j'explique mon mutisme par ma sidération. Dans sa région où elle croise et fréquente uniquement des Blancs, cette femme ne voit pas de problème à entretenir et même à exprimer à haute voix ses préjugés, ses représentations négatives des personnes de couleur.

« Mahi, elle est *nature* », répète-t-elle aussi pendant ce séjour. Dans sa bouche, ces mots prononcés sans aucune honte se veulent un compliment. En réalité, ils m'enveloppent dans un non-dit raciste. *Nature*, et pourquoi pas sauvage ? Sa phrase me renvoie à mon statut de négresse, proche de l'animal. Elle m'enferme dans mon origine. « D'où je viens » prend le pas sur « qui je suis ».

*

Cette première fois ne sera pas la dernière. Une personne noire se l'entend hélas rappeler constamment, même s'il est rare de voir battu le record d'inélégance de cette tante. Tout au long de sa vie, quelles que soient sa situation sociale et sa réussite professionnelle, on lui montre de maintes manières que sa couleur lui colle à la peau.

16

Bamako, école de Missira, 1986 : « Mahi, tu n'es plus à Paris ! »

Collégienne dans le quartier de Missira, parce que j'arrive de France, on m'appelle « la toubab », « l'assimilée », parfois « bounty » : noire à l'extérieur, blanche à l'intérieur, comme la célèbre barre chocolatée. D'autres élèves reviennent comme moi de l'étranger, mais mon absence d'accent, flagrante pendant les cours dispensés dans la langue de l'ancien pays colonisateur, m'expose tout particulièrement à cette critique pas si feutrée.

Cette particularité me vaut des regards de travers. Des camarades trop curieuses me suivent après l'école pour découvrir où j'habite. Le lendemain, elles me reprochent de les avoir distancées dans les rues de Bamako. Il est vrai que je suis déjà de taille supérieure à la moyenne et, tout en jambes, dotée d'un bon pas. Elles avancent une autre explication : « Mahi, tu n'es plus à Paris. Vous, vous êtes pressés. Nous, ici, on a le temps. » Ce « vous » me place dans la catégorie des crâneuses tout en niant subrepticement mon appartenance pleine et entière à leur groupe. Pour qui se prend-elle, sous prétexte qu'elle vient de France ? Je reste leur amie, mais (re)venue d'ailleurs, donc forcément un peu différente.

17

Devoir toujours montrer patte blanche

En près de trente ans dans l'Éducation nationale, au gré des affectations, j'ai vécu dans des quartiers populaires aussi bien que dans des environnements très privilégiés. En banlieue, une femme noire passe inaperçue dans une réunion de parents d'élèves. Dans le centre bourgeois de Paris ou bien au pied de la butte Montmartre, au royaume des bobos, elle fait figure d'intruse.

Bien sûr, les habitants y croisent un peu plus de Noirs que dans le village de la tante de mon ami. Mais, spontanément, ils leur attribuent les fonctions qu'ils ont l'habitude de les voir exercer. Devant l'école maternelle, avant que ma fille me rejoigne, je suis une femme noire parmi toutes celles, nombreuses, qui patientent là – c'est-à-dire une nounou d'origine africaine, pensent automatiquement les observateurs. Le même constat s'impose au jardin public. Dès que la petite s'éloigne de moi, on ne me voit plus en parent discutant avec d'autres sur un banc pour tuer le temps, mais bien comme une employée chargée de garder les enfants. Accompagnatrice de sorties scolaires, je suis forcément identifiée à un des Asem – agents spécialisés des écoles maternelles – qui accomplissent un travail essentiel auprès des petits, car ce sont en général des femmes, très souvent d'origine antillaise, maghrébıne ou noire africaine.

*

Dans un établissement du centre de Paris, à l'entrée au cours préparatoire de ma fille, je suis l'une des deux seules mères noires dans une salle bien remplie pour la réunion de début d'année. Quelques jours plus tard, au premier Café des parents organisé par les associations, je suis même la seule.

De nouveau, j'éprouve le sentiment d'un cercle qui se referme sous mes yeux et dont on m'exclut. Cette rencontre conviviale, destinée à faciliter l'accueil des nouveaux venus dans le quartier, devient, pour moi, un moment assez pénible car je dois lutter pour ne pas être laissée dans mon coin.

Mais… l'atmosphère se fait beaucoup plus chaleureuse lorsque je me présente, puis, lors de la réunion suivante, une fois tout le monde renseigné sur mon compte : cheffe d'établissement dans un lycée voisin, je suis devenue fréquentable, voire intéressante. C'est humain, il peut devenir utile, pour un parent, d'avoir dans son réseau le 06 d'une proviseure, notamment quand se décident les affectations des élèves dans le secondaire. Disons que dans ce cas, je fus marquée par ce passage très soudain de l'indifférence affichée à l'intérêt le plus vif…

Peut-être aussi que ma profession garantit le niveau culturel nécessaire à la conversation et à la sympathie. Peut-être enfin n'est-ce qu'une question d'identification à une classe sociale. En tout cas, ma couleur de peau indiquait de ce point de vue une inégalité, voire une infériorité.

En cette occasion, comme dans bien d'autres, je me suis retrouvée dans l'obligation de prouver l'intérêt qu'il y avait à m'adresser la parole. Au premier abord, je n'avais pas la figure de l'emploi tel que les représentations sociales se l'imaginent. Une fois de plus, j'ai dû gommer aux yeux des autres non pas ma peau noire mais la contradiction qu'ils sont tentés d'y voir.

À l'inscription de mon fils en petite section de maternelle, la directrice prend un ton condescendant pour m'expliquer comment fonctionne l'école « en France ». Elle m'en suppose ignorante, forcément ignorante encore une fois. Polie, je l'écoute et la remercie pour le temps qu'elle m'a consacré, sans relever sa méprise. Elle ignore que nous sommes appelées à nous revoir très vite : dès le lendemain, je l'accueille dans la salle de réunion de mon lycée avec les inspecteurs du primaire du secteur et d'autres collègues pour présenter la liaison CM2/6ᵉ et en fixer les modalités académiques. Elle se trouve fort embarrassée lorsqu'elle me reconnaît sur l'estrade…

*

Comme au Quartier latin au temps de mes études de lettres, je constate que cet environnement apparemment humaniste et cosmopolite exclut en réalité toute mixité. Une amie brésilienne m'a raconté une expérience similaire. Il a fallu que les gens apprennent qu'elle possédait un superbe hôtel particulier voisin du lycée pour que sa peau mate, son accent et son style vestimentaire décontracté cessent miraculeusement de poser problème.

J'ai parfois l'impression que ma couleur de peau et mes origines me condamnent à repasser le même sempiternel examen. Depuis que je travaille à Paris, je profite à fond de la riche vie culturelle qui fait battre le cœur de la capitale. Mais, à chacun des innombrables événements auxquels j'ai participé, je me suis sentie sommée de faire mes preuves, d'avoir à me justifier. Bref, de devoir montrer… patte blanche.

Dans un cocktail inaugurant une nouvelle galerie, lors d'un quelconque vernissage, il m'est arrivé de me présenter comme une Afro-Américaine, pour le plaisir ironique d'observer la considération que cela me valait. Ou, comme souvent, « suédoise ». À l'inverse, « née à Bamako » éteint toute forme d'intérêt. Sauf, bien sûr, dans une expo consacrée à l'art africain, où l'on s'adresse à moi comme à une spécialiste. Comme si mes origines m'en donnaient forcément une compréhension innée. Eh bien non, quitte à décevoir, j'avoue que ma connaissance des masques et de leur portée historique ne doit rien à mes origines. Je me suis passionnée pour le sujet, j'ai lu, j'ai couru les galeries, j'ai réfléchi, comme n'importe quelle personne avide de satisfaire sa curiosité pour une forme d'art.

*

Éprouver de la surprise, même de manière inconsciente, à vous voir, femme noire, dans tel ou tel endroit, témoigne d'une forme de racisme subtil, parfois ignoré de l'étonné lui-même. Il provient, encore une fois, du poids des représentations, des automatismes mentaux. Lesquels déduisent un destin de vos origines, avant même de vous connaître, en un raisonnement aussi implacable qu'une démonstration de géométrie.

« Origines ! Origines ! » pense-t-on très fort face à vous, comme on s'écrie, dans *Le Malade imaginaire*, « Le poumon ! Le poumon ! », siège prétendu de tous les maux d'Argan. Des amis rencontrés pendant mes années en Sorbonne, avec qui je suis restée en contact, me l'ont avoué récemment : « À l'époque, on ne t'aurait jamais imaginée devenir proviseure, encore moins à Paris. » Une nomination dans un établissement difficile de banlieue leur aurait-elle semblé plus logique ou pertinente que mon parcours jalonné de postes parmi les plus convoités de l'Éducation nationale ? C'est du moins ce que me laisse entendre cette remarque rétrospective.

Elle me montre aussi qu'avant mes vingt-cinq ans, j'étais déjà dotée d'un « pif » bien affûté. Avec ces amis, nous avions créé un club de réflexion baptisé « Débattre ». Nous enchaînions les réunions chez les uns et chez les autres, avec un ordre du jour fixé à l'avance – l'Europe, la politique africaine de la France, la réforme de l'école – et la garantie de discussions passionnées.

Chaque rencontre me laissait un goût amer. Parmi ces têtes bien faites, férues de sciences politiques et de sociologie, tous militants de gauche (certains ont ensuite fait carrière au Parti socialiste et dans les cabinets ministériels), j'approfondissais certes ma compréhension de la société française, mais je me sentais mise à l'écart. Les sujets que je proposais pour une réunion ultérieure étaient balayés d'un revers de main, mes interventions tombaient à plat. Le prétexte avancé ? Toujours le même : « Tu ne peux pas comprendre, tu n'étais pas en France au moment où… » Insupportable, à force ! Quand je m'ouvrais à eux de ce malaise, de ce sentiment d'être ignorée et prise pour la Noire de service, ils se récriaient : « Mais non, enfin ! » Pas ça, pas eux ! Pourtant ils le reconnaissent aujourd'hui, ils tendaient à extraire du débat toute personne qui ne sortait pas du même moule qu'eux.

De la même chapelle, de la même classe, du même sérail, comme on voudra… Du même pays, de la même histoire… de la même couleur…

J'avais bel et bien détecté leur condescendance. « On n'aurait pas cru… »

18

« En accueillant cette collègue, je fais dans l'humanitaire… »

En dépit des doutes peu encourageants de mes amis étudiants, j'ai fait carrière dans l'Éducation nationale, mes missions étant dévolues à la « vie scolaire » et à l'encadrement. Après une maîtrise en sciences de l'éducation (on ne parle pas encore de master), car j'ai abandonné l'idée de devenir professeure de français. Nullement par dépit, mais parce que j'ai découvert ma voie.

*

Encore étudiante, outre mon job de caissière chez Mammouth, je gagne ma vie comme surveillante vacataire dans un collège de Bagneux où je me suis installée après mon mariage à Bamako.

C'est dans cet établissement que naît ma vocation. De plus en plus impliquée dans ce travail (d'abord simple surveillante de la restauration scolaire, je crée des heures de permanence consacrées à l'aide aux devoirs pour les élèves en difficulté), je prépare parallèlement les concours administratifs afin de gravir les échelons. Après un poste de vacataire dans cette fonction, je réussis en juin 2001 le concours de conseiller principal d'éducation (CPE). À la rentrée suivante, je prends mon premier poste de titulaire, dans le 19e arrondissement. Par la suite, une fois reçue au concours des personnels de direction, j'enchaînerai pendant près de dix ans des postes de direction adjointe dans des collèges puis dans des lycées, jusqu'à ma nomination comme proviseure en septembre 2020.

Me voilà désormais aux commandes d'un établissement d'enseignement technologique et professionnel sur deux sites, spécialisé dans les métiers des arts du verre et des structures verrières.

Diriger aujourd'hui un lycée parisien (soit le poste le plus convoité par les chefs d'établissements) et y être parvenue avant d'avoir quarante-huit ans ajoute à ma singularité. Cette affectation précoce et prestigieuse tendrait à prouver que ma double étiquette de femme et d'Africaine n'a en rien entravé la progression de ma carrière. Prétendre le contraire serait malvenu.

Pourtant, je connais aussi le secret de cette réussite. Pour en arriver là, il m'a fallu déployer un travail considérable, une volonté constante de croire en moi et à ce destin, et surtout passer outre le climat de doute dans lequel j'ai constamment évolué. La condescendance et l'assignation à mes origines m'ont poursuivie à toutes les étapes de ma vie professionnelle.

*

Avant même d'accomplir mes premiers pas dans l'Éducation nationale, j'ai appris à ne pas me laisser faire.

Mon tout premier job d'étudiante, à vendre dans le métro les plats préparés de La Petite Maison dans la gare, a vite mis ma détermination à l'épreuve. Faute de succès, l'entreprise a commencé à péricliter et mon salaire à m'être versé en retard, quand ce n'était pas sous forme de chèque en bois. Je me souviens très bien de l'attitude de l'individu qui m'a reçue lorsque je suis allée en personne au siège de la société afin de réclamer mon dû : le regard fuyant, les arguments évasifs, le sourire ironique qui montraient l'étendue de son indifférence à l'égard de la petite étudiante tout juste sortie de sa brousse. Il n'en fallait pas plus à la « sauvageonne » pour s'obstiner. Décidée à défendre mes droits, j'ai déposé plainte aux prud'hommes et obtenu gain de cause.

Ce fut un événement fondateur de ma vie professionnelle : puisqu'on ne m'accueillait pas à bras ouverts, je ne m'en laisserais pas conter.

*

Dès mon premier emploi dans un établissement scolaire, à Bagneux, je prends conscience d'un certain malaise : je travaille dans un environnement où ma couleur de peau ressemble à celle de beaucoup d'élèves en difficulté. Ce n'est jamais dit, sans doute même pas pensé, et à moi-même il faudra du temps avant de mettre des mots sur ce ressenti. Dois-je leur servir d'exemple ? Espère-t-on de moi un talent particulier pour gérer les adolescents issus de l'immigration africaine, en raison de mes origines ?

Pour l'heure, ces questionnements demeurent non formulés dans mon esprit. Au départ, j'ai pris le poste dans un but simple et prosaïque : arrondir mes fins de mois, et non partir en mission au service des jeunes à la peine dans le système scolaire. Pourtant, je me prends de passion pour ma fonction.

Dans ce collège, situé à mi-chemin entre la zone résidentielle de la ville et la cité où j'habite, le recrutement reste assez hétérogène mais, d'année en année, la part des élèves africains, maghrébins ou asiatiques devient peu à peu dominante.

À leur contact, découvrant leurs difficultés scolaires, j'ai l'idée de mettre en place une permanence d'études dirigées. Le principal saisit l'occasion et m'attribue deux heures par semaine, puis six. Je prends soin de présenter ma démarche aux parents d'élèves par l'intermédiaire des carnets de correspondance, et je veille à ne pas empiéter sur le travail des professeurs. Avec de petits groupes de trois à six élèves, mes heures sont consacrées à la méthodologie : comment écrire, apprendre une leçon, organiser son travail à la maison en fonction de l'emploi du temps. Grâce au bouche-à-oreille, les effectifs gonflent et j'ai bientôt en charge des groupes d'une dizaine d'élèves, en majorité d'origine étrangère, dont pas mal de primo-arrivants des pays de l'Est et d'ex-Yougoslavie, dans ces années 1990 qui suivent l'effondrement du bloc soviétique et la guerre dans les Balkans.

Mon initiative est accueillie comme une aubaine par la direction du collège. Qu'il s'agisse de la surveillance ou du soutien scolaire, je sens bien qu'on compte sur moi, femme africaine, pour « gérer » certains élèves. Tout comme on l'attend des deux autres Noirs de l'encadrement, un médiateur et un surveillant, étudiant comme moi. De fait, mon bambara courant facilite le contact avec certains parents africains, qui parlent mal le français, voire pas du tout.

Mais je me méfie de cette « politique des grands frères », qui consiste à déléguer les relations avec les jeunes « à problèmes » à des adultes issus des mêmes quartiers et des mêmes communautés. Elle a trop souvent éveillé des soupçons justifiés de connivence, de trop grande proximité avec les élèves et leurs familles, bref d'une forme de communautarisme compromettant en définitive l'intégration et les chances de réussite de ces adolescents. Au détriment de la bonne marche de l'école républicaine.

Loin de moi cet écueil : j'accomplis mon travail avec loyauté et dévouement pour aider des jeunes en difficulté, sans aucune intention de me ranger « de leur côté ». Je ne le nie pas, il m'est arrivé, pour remettre des élèves à leur place, d'employer le ton et les mots d'une maman malienne en les apostrophant sans ménagement ni discussion possible. Mais dès cette époque, je me vois et j'agis comme tout fonctionnaire doit le faire : je fais fi de leurs origines et je ne joue pas des miennes, ni du fait de vivre dans la cité voisine, où je les vois à l'œuvre jusque tard le soir. Je ne suis pas leur copine du bâtiment B. Et je ne suis pas non plus une femme noire.

*

Cette attitude, je m'y suis toujours tenue. Ce n'est pourtant pas faute d'avoir été souvent renvoyée à mes origines, avec plus ou moins de subtilité, par les responsables d'un établissement, par des collègues professeurs ou des parents d'élèves.

Dans les années 2000, nouvellement nommée CPE dans un collège du nord de Paris, mon arrivée dans l'établissement est marquée par un incident que je n'oublierai jamais. Lorsque je me présente à la réunion de prérentrée, la principale m'accueille de la pire des manières – sous prétexte que les services du rectorat ne l'ont pas informée de ma nomination – en… me demandant mes papiers. La séance de travail va commencer et d'autres professeurs et membres de l'équipe d'encadrement trônent déjà autour de la table. Le silence se fait, la gêne est palpable, mais personne ne bronche. Devant mon refus, la cheffe se justifie ainsi, sans vergogne : « Vous comprenez, ici, c'est un quartier sensible et très difficile, le collège est classé ZEP et REP +. » Estomaquée, mais plus aussi naïve qu'à vingt-deux ans, je lui pose deux questions : est-elle un officier de police judiciaire, qualifiée pour procéder à ce type de contrôle, et y a-t-elle soumis les autres nouveaux présents ce jour-là dans l'assistance ? Nous en restons là, et ma carte d'identité ne quitte pas mon sac, mais l'atmosphère de ce premier jour est à couper au couteau…

Cette circonstance où l'attitude d'un supérieur hiérarchique à mon égard était dictée, selon toute vraisemblance, par mes origines et ma couleur de peau, ne fut pas un cas isolé. Tant s'en faut.

Quelques années plus tard, alors que je suis adjointe dans un collège des beaux quartiers parisiens, le principal me somme de fermer le blog personnel que je tiens depuis déjà quatre ans. Si j'avais utilisé cet espace pour révéler au monde ma vision sur la vie de l'établissement, ou pour disserter sur ma conception de l'enseignement d'une manière ouvertement hostile à ses choix, il aurait peut-être été en droit de m'opposer le devoir de discrétion professionnelle auquel sont soumis les agents de l'Éducation nationale. Or, rien de tel en l'occurrence. Ce site, dont je m'occupe sur mon temps libre, héberge des textes littéraires personnels, des chroniques de mes lectures et des comptes rendus de soirées-débats que j'organise régulièrement, notamment autour de la question noire. Je suis d'ailleurs très fière d'avoir réussi à y inviter, sans connexion particulière avec le milieu de l'édition, l'essayiste Pascal Bruckner[1], l'écrivain Gaston Kelman[2], l'historien Pascal Blanchard[3] ou encore le journaliste et auteur Serge Bilé[4]. On a beau être fonctionnaire, soumise à un devoir de réserve, on a tout de même le droit de cultiver ses propres centres d'intérêt et celui de s'exprimer librement.

Mais mon chef d'établissement n'en démord pas. Selon lui, ces activités sont incompatibles avec mon poste et risquent de nuire à la réputation du collège.

---

1. Essayiste auteur, entre autres, d'un livre polémique sur l'« autoculpabilisation » des Occidentaux à l'égard de la période coloniale : *Le Sanglot de l'homme blanc*, Seuil, 1983.

2. Auteur du best-seller *Je suis noir et je n'aime pas le manioc*, Max Milo, 2003.

3. Ce spécialiste de l'empire colonial français et de l'histoire de l'immigration a notamment dirigé, avec Nicolas Bancel et Sandrine Lemaire, *La Fracture coloniale. La société française au prisme de l'héritage colonial*, La Découverte, 2005.

4. Journaliste et essayiste franco-ivoirien, auteur notamment de *La Légende du sexe surdimensionné des Noirs*, Le Serpent à plumes, 2005.

Ajoutant la perfidie à l'injustice, il conclut, avec la morgue conférée par son statut d'auteur régulièrement publié, qu'il ne me juge pas « douée ». M'aurait-il infligé ce traitement injurieux et brutal si j'avais été blanche – ou, mieux, un homme blanc ?

*

Je n'accuse personne de racisme tant que la haine ne se manifeste pas de manière incontestable. Mais, rendue attentive à certains comportements par la force de l'habitude, je vois clairement à l'œuvre les automatismes mentaux déjà mentionnés, qui transforment en événement la présence d'une femme noire dans un cénacle où on ne l'attendait pas.

Le 25 novembre 2009, au Trocadéro, je participe à une cérémonie émouvante pour célébrer le 50e anniversaire de la mort de Gérard Philipe, car je suis alors adjointe dans un collège du 18e qui porte le nom de l'acteur prématurément disparu. Sur place, des élus, des célébrités… et donc un essaim de journalistes et de photographes. Ceux-ci m'accordent une attention incompréhensible. Entourée, pressée de questions, je décline, mais la meute me poursuit sur le parvis, avec une insistance déconcertante. Un esprit facétieux m'a-t-il métamorphosée à mon insu en une Lady Di miraculeusement ressuscitée ? Je comprends leur erreur quand l'un d'eux lance à ses confrères : « Laissez tomber, c'est pas elle. »

Elle, qui ? Ils m'avaient prise pour Rama Yade ! On peut rire de la méprise, tout en se demandant ce que la femme politique née au Sénégal, alors secrétaire d'État aux Affaires étrangères chargée des droits de l'homme, serait venue faire dans cet hommage à Gérard Philipe. On peut aussi analyser la mécanique de cet incident burlesque : pour les reporters, une jeune femme noire qui se recueillait parmi les officiels, ça ne pouvait être qu'*elle*, la ministre. Encore une fois, impossible d'imaginer qu'un collège fût administré par une femme noire.

Et entre les murs d'un lycée parisien prestigieux, une femme noire ne pouvait être qu'une secrétaire. À la rentrée 2011, je suis nommée proviseure adjointe d'un établissement de la Rive droite, réputé pour la qualité de ses classes préparatoires aux grandes écoles (CPGE). Dans le couloir, une professeure de lettres de « prépa » m'interpelle. Peu aimable, elle brandit sous mon nez quelques feuilles de papier en me demandant « cinquante photocopies ». Tout sourire, je lui indique la porte munie d'une plaque portant mon titre, avant de préciser : « Pour les photocopies, frappez à la porte qui jouxte celle de MON bureau. » Encore une qui s'était laissé abuser par ses « schèmes de pensée », comme disent les psychologues…

*

L'humour a beau constituer mon meilleur rempart contre la bêtise, certaines situations ne prêtent pas du tout à rire. Surtout quand elles tournent à l'humiliation publique.

C'est ce que j'ai vécu au cours d'une réception de rentrée dans une mairie de province. Le journal local avait publié un petit portrait de tous les convives chefs d'établissement participant à la réunion plénière... sauf moi. « Un oubli », m'assure-t-on en me promettant de le réparer dès le numéro suivant. Ce faisant, mon article aura la chance inouïe de figurer à côté d'un entretien avec les plus hautes autorités de l'académie, déjà prévue au sommaire. Franchement, me fait-on comprendre, de quoi me plaindrais-je ? « Quel honneur, fais-je mine de m'enthousiasmer. Vous permettrez que je prenne rendez-vous chez le coiffeur avant... »

Fin août 2012, je suis aussi l'objet d'une blague de mauvais goût lors de la réunion de rentrée des chefs d'établissement de l'académie de Créteil. Tout juste nommée adjointe dans un lycée polyvalent de la banlieue sud-est, je suis présentée par mon nouveau proviseur en des termes, disons, choisis. Prononcés avec un sourire censé souligner l'humour de la réplique : « Cette année, je fais dans l'humanitaire en accueillant ma collègue Mahi Traoré, qui vient du Mali, avec ce qui s'y passe en ce moment, elle est mieux ici... »

Dans l'humanitaire ! Sur le moment, dans cet amphithéâtre de l'université de Créteil où Mme la Rectrice donne le coup d'envoi de sa rentrée scolaire, j'accueille cette sortie par un éclat de rire, comme d'ailleurs l'ensemble de l'assistance.

Rétrospectivement, le sang se glace à lister les images charriées par ce « bon mot ». « Mieux ici », comme s'il me croyait tout droit débarquée du Sahel ? Ou bien étais-je à ses yeux une famélique Éthiopienne fuyant la malnutrition ? Une réfugiée guinéenne victime des violences politiques à Conakry ? Ou, plus prosaïquement, une collègue pas au niveau mais qu'il fallait bien accepter pour respecter une – imaginaire – mesure de discrimination positive ? Eh bien non, j'étais une nouvelle lauréate du concours de chef d'établissement…

*

Parmi toutes les remarques qui me sont adressées « sans penser à mal », le soupçon de favoritisme revient en effet sans cesse. « Vous allez vraiment habiter ici ? Comment avez-vous obtenu ce poste ? » me suis-je ainsi entendu demander par une collègue dans les escaliers d'un lycée du centre de Paris, alors que j'emménageais dans mon logement de fonction. De nouveau planait le soupçon d'une nomination vouée à remplir un quota…

Cliché pour cliché, je rétorque, comme j'en ai l'habitude : « Eh bien, j'ai couché, comme tout le monde ! Vous devriez essayer, cela fait du bien. » Parce que les femmes noires n'ont pas froid aux yeux, n'est-ce pas ?

Certaines questions outrageantes, au présupposé détestable, n'ont pas d'autre but que de vous traîner dans la boue. Une stratégie possible est de faire mine de vous y rouler pour mieux en éclabousser votre interlocuteur, qui ne mérite que cela. Ce fut la mienne en l'occurrence. Cette fois-ci, cette collègue fut servie et ne pipa mot.

*

Au fil des années, j'ai aussi remarqué que les reproches mettaient le plus souvent en cause mon caractère ou ma « nature », jamais mes compétences.

Comme tout le monde, mon parcours professionnel a été jalonné de désaccords, de polémiques et même de franches engueulades. Je reconnais qu'en entrant dans une pièce, j'ai tendance à attirer l'attention. Je suis grande, je soutiens les regards sans me laisser impressionner, je ne crains pas d'aller au contact – au sens figuré, qu'on se rassure ! – et cela peut intimider, ou irriter. Ces traits, perçus chez les hommes comme une marque de caractère et l'apanage d'une autorité, sont mal acceptés de la part d'une femme : parler fort ou réagir vivement, pour nous les femmes, trahit forcément une personnalité vulgaire et hystérique.

Alors, chez une femme noire, n'en parlons pas. Dans l'imaginaire collectif, nous parlons fort, nous sommes bruyants, exubérants, mal élevés, sanguins et à peine capables de réflexion. Dans certaines circonstances, ma personnalité est ramenée à une forme de puérilité, voire d'animalité. Au mieux, on m'infantilise, et au pire… chacun se fera son idée.

Dans un lycée d'Île-de-France, une employée administrative dont le bureau jouxtait le mien avait fini par me déclarer une guerre ouverte. Après des semaines de résistance passive à mes efforts pour la mettre à l'aise, elle avait explosé. Gardant mon sang-froid face à sa colère haineuse, je m'étais bien gardée de répondre sur un registre personnel, préférant réagir en tant que cadre confrontée à un réel problème de ressources humaines. Pour tempérer son agressivité, j'avais fait venir dans le bureau notre proviseure, ce qui cependant n'avait pas interrompu l'insultante logorrhée. Que me reprochait-elle au juste ? Des compétences défaillantes, des méthodes contestables, un management stressant ? Rien de tout cela. « Mais regardez-vous, vociférait-elle, toujours là à parader… »

Ses commentaires désobligeants portaient tous sur mon caractère, mon physique, mes vêtements, mon rire, le son et le volume de ma voix. Elle arpentait la pièce en imitant mes gestes, comme si mon corps suffisait à lui répugner. Dans cette caricature surjouée, je n'étais vraiment plus loin de la guenon tournant en rond dans son bureau-cage. Quelle performance ! Je dois à la vérité de préciser que, n'étant pour cela ni assez vénale ni assez rancunière, je n'ai réclamé aucun droit d'auteure à cette femme pour son rôle soi-disant inspiré de ma personne. L'histoire ne dit pas si, après coup, elle m'en a su gré.

Dans le même établissement, j'ai aussi dû affronter un membre de l'équipe qui, dans le cadre de son mandat syndical, assurait la défense d'un collègue que j'avais mis en cause. Ce dernier s'était répandu en propos diffamatoires à mon sujet. Cet « avocat » porta-t-il la discussion sur le fond de l'affaire, contesta-t-il mon appréciation de ce que j'avais considéré comme une faute ? Pas du tout. Une nouvelle fois, il fut uniquement question de ma « forte personnalité », de mon « caractère ».

Je pourrais donner mille autres exemples. Comme cette fois où, dans une réunion convoquée pour exposer l'un de mes projets dans un autre établissement, un professeur proche de la retraite et ayant vécu en Afrique s'est plaint avec humour de l'accélération des chantiers et des nouvelles méthodes que cela supposait pour lui. Qu'il râle contre moi, je m'y attendais, certes. Mais comme toujours, il a fallu que mes origines soient mentionnées : « Et dire que je pensais finir en roue libre pour ma dernière année, a-t-il soufflé. Voilà-t-il pas que l'académie m'envoie un petit moteur venu du Sahel pour me bousculer. » Moyennant quoi le « petit moteur venu du Sahel » lui a recommandé de rester bien assis et d'attacher sa ceinture, car l'accélération ne faisait que commencer.

Si, sur le moment, j'ai pu me sentir heurtée par la saillie de ce professeur, celle-ci ne se voulait pas raciste. Les propos doivent toujours être entendus dans leur contexte. Disons qu'elle relevait d'un humour qu'on peut qualifier de discutable. Par la suite, nous en avons ri ensemble, j'ai adopté ce mignon sobriquet plutôt cocasse… et les dossiers urgents ont avancé au rythme voulu.

Que dire encore de ce riverain qui m'adressa un mail quelques mois après ma prise de fonction dans un lycée parisien pour me faire la leçon sur l'état du drapeau français hissé à côté de l'emblème européen, au-dessus de l'entrée ? Précisant qu'il habitait la rue « depuis vingt ans », il écrivait pour la première fois et parvenait à loger en quelques lignes une somme impressionnante d'injures et de sous-entendus. « Comment voulez-vous que des ados puissent ne pas critiquer, détester, insulter notre ou votre pays ? » m'interrogeait-il en m'accusant de négliger l'étendard tricolore qui, selon lui, était laissé bien plus sale que l'européen et n'était peut-être pas le mien. Le pauvre ne s'attendait certainement pas aux deux pages de remarques ironiques que je lui envoyai en retour. J'aurais sans doute dû refuser cette correspondance nauséabonde. Mais parfois, une goutte d'eau fait déborder le vase…

Le plus cocasse, dans ces situations, reste d'affronter quelqu'un qui, ne semblant plus vous voir, se sent totalement à l'aise pour se plaindre devant vous… des Noirs !

Un jour, je reçois le père d'un élève qui redoublait sa seconde. Mécontent de l'affectation de son fils, il s'en ouvre à moi sans détours : « Vous l'avez mis dans une classe où il y a quand même pas mal de Noirs. Vous comprenez, il a passé tout son collège avec des Noirs et des Arabes, alors ici je pensais que ce serait terminé. » Au demeurant, son « pas mal de Noirs » révélait chez lui un seuil de tolérance, situé bien bas : cette année-là, j'en dénombrais 35 sur les 520 élèves de mon établissement – aspect auquel, sans tenir de statistiques, je suis attentive. Mais il insiste, cette maigre proportion lui paraît encore excessive et, bien entendu, cette composition ethnique constitue la seule explication valable, à ses yeux, aux mauvais bulletins de son rejeton. Il m'en fait part avec une franchise désarmante, dans mon bureau, les yeux dans les yeux.

Que répondre à un tel Champion olympique de natation (appellation policée que je réserve à ce genre d'individu, quand l'acrimonie ne me pousse pas à l'acronyme correspondant) ? J'aurais pu monter sur mes grands chevaux, mais à quoi bon ? Ce jour-là, j'ai préféré, encore une fois, jouer la carte de l'humour. « Mon cher monsieur, vous avez tellement raison… », acquiescé-je en relevant mes manches et m'accoudant sur le bureau, les mains croisées en avant, pour bien lui montrer la couleur de mes bras, puisque celle de mon visage semble lui échapper. Puis, je sors de mon tiroir un document vierge que je lui tends. Son visage s'illumine car il s'attend à remplir la demande de nouvelle affectation souhaitée. Mais le sourire cède la place à une grise mine dès qu'il comprend la nature de ma proposition : un formulaire de changement… d'établissement. « Vous en avez la possibilité, libre à vous, je vous souhaite une belle journée », dis-je pour clôturer l'entretien.

Réalisant enfin les énormités qu'il a proférées devant moi, il change de couleur, son visage devient tout blanc. Si j'ose dire !

Critiquer devant moi un élève turbulent, paresseux, querelleur, se conçoit parfaitement, fût-il noir. Mais se fonder sur des critères ethniques signifie ajouter à un propos raciste un manque sidérant de tact, ou bien une provocation scandaleuse. Chacun choisira.

III

Dans les yeux des Blancs

19

Les Noirs à la une

Imagine-t-on un Allemand, émigré aux États-Unis depuis trente ans et devenu citoyen américain, s'entendre interroger sur les enjeux de l'indépendance de l'Écosse ou sur les faiblesses de l'économie polonaise, sous prétexte de son origine européenne ? Non, bien entendu.

Ma couleur de peau et ma naissance au Mali suffisent pourtant à faire de moi, Française enracinée à Paris depuis 1994, une « spécialiste » de l'Afrique dont on attend un avis éclairé dans les conversations amicales ou professionnelles. Une spécialiste de l'Afrique *noire*, cela va de soi. Dans le langage courant, sans adjectif accolé, le nom du continent désigne seulement sa partie subsaharienne. Personne ne me prête jamais la moindre expertise sur l'actualité du Maghreb ou de l'Égypte…

Pour être précise, ma naissance et mes premières années de vie à Bamako ne me fournissent aucune clé magique pour comprendre mieux que mes interlocuteurs les ressorts de la guerre du Tigré, en Éthiopie, un pays situé à sept mille kilomètres de celui où j'ai fait mes premiers pas, dont l'histoire, la géographie et la culture me sont tout aussi peu familières qu'à quiconque. Je n'ai pas non plus de lumières particulières sur les campagnes électorales en cours ou à venir au Bénin, en Côte d'Ivoire ou en Ouganda, ni sur l'extraction du pétrole nigérian.

*

Lorsque l'on me suppose forcément très bien informée de l'actualité africaine, j'entends surtout que mon interlocuteur considère comme un ensemble indistinct, presque comme un quartier ou un immeuble du coin de la rue, tout un continent en réalité immense et varié. À savoir 54 pays, qui occupent 20 % des terres émergées de la planète et représentent presque la même part de la population mondiale.

La même irritation s'empare de moi quand s'exprime, dans une publication ou sur un plateau de télévision, un spécialiste de l'Afrique, journaliste ou chercheur qui ne vit pas sur place. De quelle Afrique parle-t-il ? Et d'où tient-il sa science ? De recherches universitaires qui reconduisent les mêmes références ? Du terrain ? Lequel présente de forts contrastes entre les zones rurales, agricoles ou désertiques et les métropoles surpeuplées, entre les gouvernements dictatoriaux et les royaumes qui maintiennent une façade démocratique, entre les peuples libres et urbains et les nomades éleveurs, ou les populations soumises à la religion, au djihad, aux razzias de bandits…

Imaginerait-on un Paul-Émile Victor dissertant sur les Inuits sans jamais avoir partagé leur vie ?

*

Quand l'analyse universitaire ou journalistique se fait à distance des situations locales, sans liens humains ni vie quotidienne partagée, sans connaissance intime du terrain, de sa complexité et de ses contradictions, elle n'a rien, selon moi, d'une expertise.

Même établis sur place, les correspondants de presse ont souvent à couvrir seuls l'actualité d'une bonne partie du continent, voire de son ensemble. J'apprécie le travail des journalistes français installés un peu partout en Afrique quand il reflète la situation réelle du pays hôte, sinon, c'est de la littérature.

Trop souvent, le pseudo-expert me semble finalement assimilable à celui qui a guidé les pays colonisateurs. On le sait bien, le tracé des frontières africaines actuelles, à la fin du XIXe siècle, résulta d'une série de coups de crayons hâtifs qui, sans souci ou sans connaissance des langues, des cultures, des territoires et des modes de vie, conduisit à séparer des populations ou, au contraire, à en regrouper d'autres artificiellement.

Pour le comprendre aujourd'hui, il suffit de traverser mon pays natal, le Mali, depuis Bamako, sa capitale méridionale, jusqu'au nord, désertique et en proie aux exactions de groupes djihadistes, qui justifient depuis 2013 la présence militaire française au sein des opérations Serval puis Barkhane. Au fil des kilomètres, les paysages, les langues, les coutumes, le niveau de vie, tout change, et les couleurs de peau se nuancent aussi.

*

Dans une vision de l'Afrique globalisante, je perçois aussi la façon dont les Noirs africains sont considérés en France, vus comme un groupe homogène et indifférencié.

Sans même évoquer les dissemblances entre les pays d'origine, la vie d'un ouvrier arrivé seul et illettré dans les années 1970 pour travailler chez Renault, aujourd'hui retraité, diffère en tout de la mienne, moi qui ai été envoyée à Paris par une famille éduquée afin d'y poursuivre des études. Ou de celle d'un jeune « Icissien », comme le comédien Jamel Debbouze appelle les descendants d'immigrés nés « ici ».

Nous enfermer dans le même sac revient à nous réduire à un groupe informe et indéfinissable, sans nous voir comme des individus. Soit très exactement l'assignation à laquelle j'ai toujours voulu échapper ! Sans parler de celle qui m'emprisonne dans mon statut de femme noire en charriant une lourde collection de clichés insultants – j'y reviendrai.

20

Putsch au Mali, silence radio à Paris

Dans la nuit du 19 au 20 août 2020, le président Ibrahim Boubacar Keïta – « IBK » pour les intimes – apparaît à l'antenne de l'ORTM, la télévision publique du Mali, pour annoncer sa démission à mi-mandat.

À l'image, cet événement prend toutes les apparences d'une transition paisible. En costume traditionnel malien, le dirigeant lit tranquillement un discours détaillant les modalités de la transmission du pouvoir à un Conseil national de salut public. Il s'agit pourtant bien d'un coup d'État fomenté par l'armée, répondant à l'agitation qui règne dans le pays depuis plusieurs mois, suite aux soupçons de fraude pesant sur les élections du printemps précédent. Aucun uniforme n'apparaît à l'écran mais – je me le suis fait confirmer depuis – les officiers sont bien présents hors champ.

Pour la quatrième fois depuis l'indépendance, un putsch secoue le Mali.

En France, alors que les forces armées du pays interviennent sur place depuis 2013, au prix de pourparlers constants entre dirigeants, au contact avec les populations, avec les rudes réalités politiques et économiques, alors que l'on risque chaque jour des morts de part et d'autre, que la lutte contre le djihadisme devrait mobiliser toute l'attention et que, paradoxalement, elle ne suscite qu'une impopularité grandissante, les médias ne parlent pas du changement de régime. Sinon quelques médias spécialisés dans l'international. En tout cas, pas la grande presse, ni les plateaux de télé ou de radio.

*

Le traitement de l'Afrique par les médias français se résume le plus souvent à deux types d'images. Soit l'enfant au ventre gonflé, victime de la famine (de préférence environné d'une nuée de mouches), soit le dignitaire corrompu allié au militaire putschiste, accusés de détourner les richesses de leur pays à leur profit personnel (de préférence à l'issue d'un sanglant conflit interethnique). Entre la misère et le clinquant malodorant des « biens mal acquis », rien !

C'est à croire que perpétuer ces clichés porteurs de mépris est plus vendeur pour les rédactions, ou bien plus simple que d'enquêter en profondeur auprès des sociétés africaines, riches de populations instruites, cultivées, réfléchies, parfois révoltées, mais aussi soumises à des situations difficiles qui ne font jamais la une.

Dans mon pays d'origine comme dans bien d'autres, il y a urgence à améliorer l'alphabétisation et l'instruction, notamment celles des femmes, dont la condition est terrible jusque dans leur vie quotidienne et intime.

En France, aujourd'hui, l'on commence seulement à prendre en considération la précarité menstruelle qui complique l'accès des personnes réglées aux protections hygiéniques en raison de leur coût prohibitif. Alors imaginez ce qu'il en est en Afrique, où les femmes doivent trop souvent faire avec les moyens du bord ou se rabattre sur le très bas de gamme, de grosses serviettes aussi inélégantes et inconfortables qu'inefficaces.

À vrai dire, ce ne sont pas les priorités qui manquent. Il faudrait bâtir des infrastructures pour le logement ou le transport et surtout mettre en place de véritables réseaux d'assainissement. Quand les eaux usées sont évacuées sans traitement, à l'air libre, et qu'à deux mètres les gens s'installent pour « faire le grin » (discuter, refaire le monde en prenant le thé), cela produit des effets sanitaires désastreux.

La dernière étude disponible de l'Organisation mondiale de la santé relève, pour la seule année 2019, un total de 229 millions de malades du paludisme et de 409 000 morts de cette maladie infectieuse, transmise par certains moustiques qui pullulent autour des eaux stagnantes. Environ 94 % de ces malades et de ces décès annuels se situent en Afrique. Les deux tiers des morts ont moins de cinq ans. Les dizaines de rapports sur le « palu » signés par les organisations internationales et les ONG ne mériteraient-ils pas une mention de temps à autre, aux côtés des bilans quotidiens de la Covid-19 ?

*

Parmi les sujets qui émergent ces dernières années dans les médias au-delà des clichés récurrents, la question de la restitution des biens culturels, pillés au cours des siècles par les pays colonisateurs, a de quoi mobiliser les gouvernements et les peuples concernés. Il serait crucial de faire admettre au monde que le continent a vu ses ressources exploitées par des puissances étrangères et a été dépouillé de ses richesses, jusqu'à ses objets d'art traditionnel. Mais l'Afrique saurait-elle aujourd'hui mettre ce patrimoine en valeur alors qu'elle peine à donner à tous de quoi satisfaire leur faim ? Il y a beaucoup à faire avant de pouvoir valoriser l'histoire artistique.

Par bonheur, la création contemporaine – musique, mode, peinture et sculpture, théâtre, cinéma, photographie, littérature – commence à s'exporter, et cette évolution se mène à grands pas.

S'il faut prioriser les objectifs, mieux vaut, selon moi, développer des moyens et des énergies pour encourager, financer, exporter l'art vivant et les artistes d'aujourd'hui, plutôt que de se battre pour vider les musées occidentaux, rendre les fonds à leurs pays d'origine et, au bout du compte, construire structures et institutions pour mettre à l'abri le passé.

Quant à la corruption des dirigeants, autre prisme déformant de la vision de l'Afrique, loin de moi l'idée de la minimiser. D'autant moins que l'accumulation de richesses par une minorité se révèle souvent plus ostentatoire que dans d'autres régions du monde, le contraste avec la misère ambiante plus saisissant qu'ailleurs. Il faut avoir vu un parvenu lancer à toute allure sa Ferrari ou sa Lamborghini sur une piste non goudronnée pour le croire…

Mais, que je sache, ce n'est pas une excuse pour autant, la corruption prospère sur beaucoup de continents, jusqu'en France.

Il est aussi exact que des événements comme les soubresauts récents de la vie publique malienne[1] accréditent l'idée selon laquelle les Africains ne sont décidément pas mûrs pour créer un climat politique

1. Le 25 mai 2021, le Président et le Premier ministre de transition nommés après le coup d'État d'août 2020 ont été démis de leurs fonctions par les militaires.

apaisé. Sans parler de leurs fâcheuses guerres civiles, meurtrières comme toutes les guerres civiles.

En se focalisant sur les guerres réduites au qualificatif de « tribales » (comme si les conflits en ex-Yougoslavie n'avaient pas été des affrontements interethniques, comme si d'autres régions du monde, à l'image de l'Asie actuellement, n'en souffraient pas elles aussi), le regard occidental sur l'Afrique ne relaie guère, en tout cas ni régulièrement ni suffisamment, les aspirations de dizaines de peuples à la liberté et à la démocratie.

Elles sont pourtant réelles et anciennes. Dans ma jeunesse au Mali, j'ai même payé la défense de ces valeurs de quelques coups de ceinturon infligés par les forces de l'ordre.

21

Bamako, 1991 :
à la pointe de la révolte des jeunes

Au retour de mon premier séjour en France, dans la seconde moitié des années 1980, ma participation à l'explosion des radios libres maliennes me conduit vite à comprendre que ce vent de liberté souffle bien au-delà des médias.

Le pays traverse alors une phase de démocratisation incontestable, une vingtaine d'années après le coup d'État qui a porté au pouvoir le lieutenant Moussa Traoré (rien à voir avec ma famille : je l'ai dit, je porte l'un des patronymes les plus répandus au Mali). Tournant le dos à l'exemple des régimes occidentaux et souhaitant secouer l'inertie de la « république de oui-papa », toujours très dépendante de l'ancien colonisateur français, la société se cherche un nouveau modèle.

La jeunesse se place naturellement à la pointe du mouvement.

À Bamako, le lycée Askia-Mohamed en forme l'avant-garde. Une fois élève de cet établissement secondaire, le plus grand de la capitale, je plonge avec bonheur dans l'effervescence politique et culturelle qui l'agite en permanence.

Située sur la route qui mène au palais présidentiel, dans le quartier des administrations à l'architecture moderne, cette superbe bâtisse coloniale, à deux pas du lycée français et de son agréable parc boisé, trône dans une oasis de verdure bien entretenue tout en bénéficiant de la proximité du centre-ville. Mon ancien collège de Missira, que j'avais d'abord trouvé si joli, m'apparaît désormais comme éloigné de tout, dans un quartier frappé en permanence par un soleil de plomb. Me voilà au cœur de l'action, dans un environnement enchanteur.

À Askia-Mohamed, les jeunes veulent refaire le monde et surtout le Mali. Pour ma part, je suis persuadée de l'intérêt de la lutte des élèves et des étudiants.

Sortis en 1923 de la terre rouge de la cour, les deux étages du bâtiment principal sont vétustes, mais les coursives à l'air libre qui les desservent se révèlent propices aux dialogues et aux échanges entre nous.

À mesure que l'opposition au président Moussa Traoré monte dans le pays, l'AEEM (l'Association des élèves et étudiants du Mali) y trouve son quartier général informel. À bas la fausse démocratie du régime en place, vive les élections libres et indépendantes ! Ma scolarité en classe de première se soldera, comme pour la plupart des jeunes, par une année blanche, jalonnée de manifestations et de périodes de fermeture du lycée. Lequel devient la cible privilégiée de la répression menée par les redoutables « bérets rouges », un régiment de parachutistes qui forme la garde prétorienne de Moussa Traoré.

Presque quotidiennement, nous convergeons avec les autres jeunes de Bamako vers le ministère de l'Éducation nationale situé sur un grand rond-point, en plein centre-ville. Et presque quotidiennement, les militaires nous refoulent vers notre établissement, à coups de savate, de matraque ou de ceinture. Ils nous poursuivent jusqu'aux majestueuses grilles en fer forgé du lycée Askia-Mohamed, qu'il nous faut escalader pour nous réfugier à l'intérieur. Dans la précipitation et sous une pluie de coups, nous sautons de trop haut et certains de mes camarades se blessent gravement.

Pour ma part, sur les grilles, je subis plusieurs fois de violentes attaques au ceinturon, attestées par les profondes marques que je porterai longtemps comme de véritables blessures de guerre. Les bérets rouges cherchent à nous cantonner dans le lycée, d'où nous nous échappons malgré tout en faisant le mur à un autre endroit.

Ce manège dure plusieurs mois. Derrière la mobilisation spontanée de la jeunesse se joue en réalité une lutte féroce pour le pouvoir au sommet. Les troubles arrangent les affaires du camp qui prépare le renversement du pouvoir en place. Même quand on a le projet d'un coup d'État militaire, il est utile de se prévaloir de la mobilisation d'une partie de la population...

De fait, l'agitation débouche en mars 1991 sur la fin du régime de Moussa Traoré (décédé depuis, en septembre 2020) et l'organisation précipitée d'élections pour mettre en place un gouvernement de transition mené par « ATT », le général Amadou Toumani Touré, qui sera ensuite élu Président (lui aussi a quitté ce monde à l'automne 2020).

Hyperactive dans le mouvement – je suis de toutes les manifs, de toutes les assemblées générales, présente chaque jour au lycée pour organiser les prochaines actions –, j'éprouve un grand malaise dès que je sens la patte des militaires, futurs putschistes, s'imprimer sur notre mobilisation. Cette manipulation des esprits me répugne. Je suis là pour obtenir l'amélioration de la condition lycéenne et étudiante, j'attends des preuves d'un changement d'attitude des autorités à notre égard, des progrès palpables, comme, au lycée, l'amélioration de la propreté des toilettes ou la possibilité de disposer d'une cantine. Renverser le gouvernement, arrêter le Président, ce n'est pas mon affaire.

BAMAKO, 1991…

Certains jours, lassée par les petits jeux politiciens auxquels cèdent beaucoup de mes camarades, je préfère m'échapper pour aller tenir le micro à Radio Liberté ou pour placer mes articles dans les journaux.

Cette tension manque de tourner au drame un jour que j'ai fui l'agitation des rues pour participer à une réunion dans les locaux de la revue Jamana. *Des manifestants, estimant ce journal trop proche du pouvoir, provoquent un incendie qui ravage la rédaction. Fort heureusement, les seules victimes répertoriées seront les deux-roues garés au pied de l'immeuble, dont la petite moto que j'avais acquise pour remplacer mon vélo rouge.*

22

Nicolas Sarkozy et l'« homme africain »

« Le drame de l'Afrique, c'est que l'homme africain n'est pas assez entré dans l'Histoire. Jamais il ne s'élance vers l'avenir. Dans cet univers où la nature commande tout, l'homme reste immobile au milieu d'un ordre immuable où tout est écrit d'avance. Il n'y a de place ni pour l'aventure humaine, ni pour l'idée de progrès. »

Le 26 juillet 2007, à peine quelques semaines après son accession à l'Élysée, Nicolas Sarkozy tient ces propos dans un discours prononcé à Dakar (Sénégal), au cours de la première tournée africaine de son mandat.

Ces mots soulèvent bien des interrogations. Tout d'abord, quel est donc cet « homme africain », un terme générique qui uniformise une fois encore des centaines de millions d'hommes et de femmes très divers, qui réunit en un seul des dizaines de peuples si différents ?

Ensuite, que faut-il comprendre, sinon que l'Afrique n'a jamais rien créé, rien inventé, qu'elle n'a rien apporté au reste du monde que la richesse de son sous-sol ? « Berceau de l'humanité », comme les paléontologues s'accordent à le dire, ce continent serait-il demeuré au stade de l'enfance ? L'Homme serait donc né en Afrique mais aurait grandi ailleurs ?

Par la suite, ce jugement porté sur le sol africain, au nez et à la barbe des intéressés, a provoqué une polémique. Mais sur le moment, je suis frappée par l'absence de réactions. N'y avait-il personne pour lui répondre fortement, dans cet amphithéâtre de l'université Cheikh-Anta-Diop ? Quel comble, dans un établissement qui porte le nom d'un historien connu pour avoir mis en relief l'apport de l'Afrique noire à la civilisation mondiale[1] ! Personne, vraiment, pour contredire ces généralisations contestables sur l'« homme africain », animé selon le président français par « ce besoin de croire plutôt que de comprendre, de ressentir plutôt que de raisonner, d'être en harmonie plutôt qu'en conquête » ? Aucune voix pour

1. Cheikh Anta Diop (1923-1986) a notamment exposé ses thèses dans *Nations nègres et culture : de l'Antiquité nègre égyptienne aux problèmes culturels de l'Afrique noire d'aujourd'hui*, publié en 1954 (Éditions africaines, coll. « Présence africaine »).

prendre ses distances avec ces assertions, voire simplement les nuancer après coup ? Parmi les ministres français qui faisaient partie du voyage, Rama Yade se démarquera prudemment du discours présidentiel, mais trois mois plus tard, tandis que Bernard Kouchner attendra… l'année suivante.

À la longue, nos esprits se sont peut-être assoupis, bercés depuis des décennies par l'insidieuse musique du paternalisme, d'un bord à l'autre de la Méditerranée. Aussi mesure-t-on mal la violence terrible dont ces propos sont chargés pour des centaines de millions de personnes, dont nombre de nos concitoyens.

Certes, des intellectuels africains ont réagi, mais avouez que leurs protestations n'ont guère encombré les médias hexagonaux. Quant aux dirigeants locaux, il ne fallait pas compter sur eux pour mordre la main qui les nourrit. L'année suivante, le président sénégalais Abdoulaye Wade s'en tirera par une pirouette pour prendre la défense de son homologue français. Nicolas Sarkozy, selon lui, aurait été « victime de son nègre », c'est-à-dire de son conseiller spécial Henri Guaino, la véritable « plume » de ce discours.

*

Pour ma part, à l'époque, je me revigore l'esprit en relisant un grand défenseur du patrimoine culturel africain et de la tradition orale peule dont je suis issue, l'écrivain malien Amadou Hampâté Bâ. Une phrase qu'il a prononcée à l'Unesco en 1960 est devenue proverbiale et a fait le tour du monde : « En Afrique, quand un vieillard meurt, c'est une bibliothèque qui brûle. »

Cette image est d'une tout autre allure que celle d'une Afrique supposée inapte à monter dans le grand train de l'Histoire. Et surtout, elle sonne vrai, car le continent fourmille évidemment de porteurs d'initiatives, d'innovations, de rêves, d'idéaux, de créations.

23

Bamako, fin des années 1980 : sur les podiums

Dans les années qui précèdent mon départ pour Paris et la Sorbonne, je deviens mannequin pendant environ deux ans.

Oui, moi le garçon manqué, me voilà soigneusement tressée et apprêtée, arpentant d'un pas décidé les podiums installés à l'Hôtel de l'Amitié, au Centre culturel français ou bien au Grand Hôtel, les trois lieux où sont généralement organisés les défilés à Bamako.

Dans la capitale, n'allez pas imaginer tomber sur une Kate Moss en boubou. Du haut de mes dix-huit ans, j'ai l'allure d'un mannequin, mais au sens africain : avec mon mètre soixante-seize et mes formes, je ne risque pas d'être confondue avec les brindilles des fashion weeks de Paris, Londres ou Milan.

Dans la société traditionnelle malienne, cette activité signifie pour moi une déclaration d'indépendance, une façon de m'affirmer autrement que comme fille de mon père ou future mère. J'espère aussi accroître ma notoriété naissante (souvenez-vous, à l'époque, je rêve de devenir la Anne Sinclair locale) et financer mes activités journalistiques avec l'argent gagné.

Ces aventures dans le milieu de la mode, je les dois avant tout à une rencontre. C'est le styliste malien Chris Seydou qui me met le pied à l'étrier. Un grand nom : en 1971, à vingt-six ans, il s'est installé à Paris, premier couturier africain à travailler pour de prestigieuses maisons françaises, Paco Rabanne puis Yves Saint Laurent.

À son retour, il a ouvert un atelier à Abidjan (Côte d'Ivoire) avant de revenir se fixer à Bamako, où il est mort en 1994.

Ouvertement homosexuel à une époque où c'est encore plus tabou qu'aujourd'hui, il est considéré comme un véritable génie de la couture, un précurseur dans l'utilisation des tissus africains. Doux, créatif, ingénieux, il révolutionne le secteur et sait mettre la femme en valeur, réinterprétant le pagne ou détournant le bogolan (un tissu traditionnel bambara) dans lequel il taille, par exemple, des maillots de bain.

BAMAKO, FIN DES ANNÉES 1980…

Ma rencontre avec cet homme précieux et raffiné ne doit rien au hasard. À force de déambuler dans le quartier du ministère de la Communication, où je continue à me rendre régulièrement pour convaincre les fonctionnaires de me confier une émission, j'apprends qu'il vit et travaille à deux pas. Au culot, je me présente à l'entrée de sa jolie petite maison-atelier, dont l'architecture semble reproduire l'atmosphère feutrée d'un temple de la couture parisienne. Il me reçoit dans un calme et une sérénité qui tranchent avec l'animation habituelle d'une demeure africaine, bruissant toujours de la vie familiale. Aussitôt après cette rencontre exquise, nous commençons les essayages et les séances de tressage.

Jusqu'à mon départ vers la France, il m'emploie sans aucun contrat mais me verse toujours un cachet. Je n'ai pas l'idée d'en faire une carrière, mais je prends beaucoup de plaisir à passer du temps aux côtés de ce grand créateur. Sans pour autant mener une vie de diva. À la fin des défilés, ma mère vient me chercher car, à 23 heures passées, je dois rentrer à la maison. Les fiestas en boîte de nuit après le travail, ce n'est pas pour moi.

Malgré la sagesse de cette vie, mon passage sous les sunlights de la mode alimente une forme de réputation. Animatrice de radio, et maintenant mannequin…

24

Une certaine idée de la femme africaine

À en croire Nicolas Sarkozy, l'« homme africain » ne serait pas « entré dans l'Histoire ». En revanche, une certaine idée de la *femme* africaine loge de longue date dans l'esprit des hommes, et d'abord dans celui des hommes blancs.

Nous, les Noires, ne sommes pas les seules cibles des propos et comportements que trop d'entre eux s'autorisent à l'égard de la moitié de l'humanité. Les mouvements #MeToo et #Balancetonporc l'ont confirmé, toute femme, en 2021 encore, peut témoigner de son lot de blagues salaces entendues, de harcèlement subi dans les rues ou au travail, d'attouchements, d'agressions et de violences.

Mais dès mon retour à Paris à l'automne 1994, je constate que l'on me regarde en tant que Noire, pas seulement en tant que jeune femme.

On m'aborde sans hésitation comme un objet de curiosité et d'exotisme. Je veux bien faire la part de mon allure spectaculaire d'alors – arrivée peu de temps après un dernier défilé du styliste Chris Seydou, j'arbore encore les très longues mèches jusqu'au bas du dos patiemment réalisées pour l'occasion – mais les gens s'autorisent à m'arrêter dans la rue pour me photographier, me toucher les cheveux ou même proférer des commentaires au sujet de mon corps. Un inconnu m'apprend ainsi que ma silhouette d'alors forme un 8. L'image se passe d'explications…

*

Comme toute jeune fille, je dois supporter le poids de ces mots et le choc de ces regards. Tout en étant chargée d'un fardeau supplémentaire : j'incarne, bien malgré moi, un fantasme, celui de la femme noire, censée être hypersexuée.

Qui n'a jamais entendu les commentaires égrillards adressés à un homme blanc entretenant une relation avec une Noire ? « Ah, mon salaud, tu ne dois pas t'ennuyer… » « *Once you go black, you never go back* », comme disent les Américains…

Dès le départ, au sein du club d'étudiants avec lesquels j'avais formé le club « Débattre », la condescendance intellectuelle à mon égard se doublait de remarques désagréables sur mes performances sexuelles supposées, forcément très supérieures à la moyenne.

C'est ainsi, tout comme l'homme noir est réputé surdimensionné et infatigable, la femme noire aurait le sang chaud. Or, tout le monde en convient, le cheminement d'un adolescent ou d'un jeune adulte vers la sexualité, la découverte de son corps et de celui des autres, le désir et le plaisir, tout cela varie énormément d'un individu à l'autre et fluctue aussi au gré des jours et des moments de l'existence.

Mais apparemment les Noirs y feraient exception, tous uniformément étalons inépuisables et déesses volcaniques, dotés d'un sens inné de la nuit torride, comme, on le sait, de la musique et de la danse.

*

Observer l'environnement médiatique et culturel de 2021 suffit à prouver que je ne caricature pas.

Je ne vais pas nier les progrès, même s'ils sont timides et récents. Harry Roselmack au 20 heures de TF1[1], le césar d'Omar Sy[2], puis celui de Jean-Pascal Zadi[3], l'apparition de Noirs et de métis dans la

1. De 2006 à 2011.

2. César 2012 du meilleur acteur pour son rôle dans *Intouchables*.

3. César 2021 du meilleur espoir masculin pour son rôle dans son propre film, *Tout simplement noir*.

publicité pour incarner des parents, des salariés ou des consommateurs comme les autres, tout cela contribue à mieux refléter la société. Enfin !

Mais ce qui prédomine encore, et m'énerve toujours autant, ce sont les représentations dégradantes. L'excellente comédienne Aïssa Maïga a eu bien raison de pousser un coup de gueule dans un livre au titre explicite, *Noire n'est pas mon métier*, avec quinze de ses collègues noires ou métisses[1]. Au cinéma, les Noires sont globalement cantonnées dans des rôles de grosses femmes de ménage ou de poupées sexuelles « qui aiment ça ».

Exactement l'image que l'on présente de nous, hommes et femmes confondus, dans les médias : la danse, le rap, l'athlétisme, le football. Éboueur, clown ou Hercule, dealer et truand aussi, détenu (cela va bien entendu de pair), pourquoi pas terroriste ? Maigre choix, registre étriqué, malgré une petite évolution, indispensable pour représenter notre société : le Noir interprète parfois un flic.

Mais nous trouvera-t-on à l'écran en notaire, avocat – avocate encore moins ! –, ingénieur, artiste, homme ou femme de lettres ou de sciences, politique, journaliste ? Dans *Intouchables* (2011), Omar Sy a démarré une carrière foudroyante en incarnant un assistant de vie doué pour la blague. Ce n'était pas lui, comme par hasard, l'intellectuel en fauteuil. Et parmi les *Huit*

1. Collectif, Seuil, 2018.

femmes de François Ozon (2002), au casting pour une fois féminin à presque 100 %, la Guadeloupéenne Firmine Richard prend bien entendu le rôle de la nounou et gouvernante…

Il y a pourtant bien, parmi nous, des intellectuels de renom, des écrivains de talent, des chercheurs, des médecins… Si Alain Mabanckou, magnifique auteur francophone, enseigne à l'université où il jouit d'une renommée internationale, c'est aux États-Unis et non en France, à l'exception d'une année comme professeur invité au Collège de France, en 2015-2016.

Parmi les dizaines d'experts interrogés par les chaînes de télévision au sujet du coronavirus, depuis début 2020, j'ai, personnellement, vu apparaître une seule personne de couleur. Une femme ! Est-elle en France la seule spécialiste noire en épidémiologie ou en infectiologie ? Non, bien sûr. Alors qu'attend-on pour inviter les autres aussi ?

S'il faut alerter le pays sur la réalité des quartiers difficiles, où une grande partie de la population noire est astreinte à vivre, il faudrait aussi se donner les moyens de l'en sortir. Et pour cela, s'attacher à démontrer, aux principaux intéressés comme au grand public, que des personnes issues de l'immigration réussissent aujourd'hui dans de nombreux métiers, et par conséquent dans leur vie familiale, toutes classes sociales confondues.

Dans le lycée que je dirige aujourd'hui, j'ai l'intention d'organiser des rencontres entre les jeunes apprentis et des invités de marque : Lassana Bathily, le héros de la prise d'otages à l'Hyper Casher de la porte de Vincennes, en janvier 2015 ; Aya Cissoko, l'ancienne championne du monde de boxe devenue écrivaine, autrice d'un superbe texte sur sa vie de femme noire en France[1] ; ou encore le champion du monde de football Lilian Thuram, qui a su dépasser son statut de sportif en créant sa fondation « Éducation contre le racisme ».

La valeur d'exemple, indispensable pour guider la jeunesse, va bien plus loin que la réussite de quelques personnalités noires. À ce titre, la loi de 2005 « pour l'égalité des droits et des chances des personnes handicapées », qui a érigé en principe la scolarisation de tout élève affecté par un handicap dans un établissement proche de son domicile et dans une classe « ordinaire », a profité à tous. J'ai vu de nombreux jeunes concernés suivre des parcours… extraordinaires, précisément, grâce à cette mesure, au soutien des maisons départementales des personnes handicapées et au travail incroyable des auxiliaires de vie scolaire, les AVS, qui accompagnent ces élèves au quotidien dans les établissements. Pour leurs camarades, la rencontre

1. Aya Cissoko, « N'oublie pas que tu es noire », *La Croix*, 18 février 2021.

avec ces gamins déterminés à dépasser leur condition est une invitation à relativiser leurs propres petits problèmes.

Parmi de nombreux autres, je suis toujours en contact avec Guillaume, un garçon autiste que j'ai connu, collégien de douze ans, aujourd'hui bachelier et titulaire d'un BTS, ou encore avec Mila, assistée d'une AVS car elle peine à marcher et à écrire seule, dont le bon parcours dans le secondaire s'est poursuivi en hypokhâgne jusqu'à être admissible à Normale sup, même si elle envisage plutôt de devenir directrice d'établissement sanitaire, social et médico-social.

L'éclosion et l'épanouissement de ces élèves constituent une satisfaction en soi, mais leur réussite a de quoi inspirer les autres. C'est pourquoi j'ai invité Guillaume pour un « mini-stage » dans mon lycée spécialisé dans les métiers du verre. Pour lui comme pour mes apprentis, ce fut une journée riche et émouvante – même s'il a pris peur lorsqu'il a entendu les machines à trancher « faire chanter le verre », comme l'on dit, un son strident insupportable à ses oreilles.

Dans le même esprit, je cherche à développer un partenariat avec l'Institut national de jeunes sourds (INJS). Comme pour l'autisme, mon intérêt pour le « monde du silence » remonte à mes grossesses. Future mère inquiète – et si j'accouchais d'un enfant malentendant ou autiste ? – j'ai profité, dans l'établissement où j'exerçais alors, d'une initiation à la langue des signes française organisée par deux excellentes professeures spécialistes de cette « LSF ». Les groupes rencontraient un grand succès, réunissant jusqu'à soixante-quinze élèves entendants.

Après avoir suivi ces cours, j'ai poursuivi mon apprentissage en autodidacte, grâce à des tutoriels sur Internet et en devenant une fidèle de *L'Œil et la Main*, une émission de documentaires en langue des signes diffusée sur France 5. J'ai souvent emmené des élèves à l'International Visual Theatre, dans le quartier de Pigalle, assister à des représentations en LSF.

Derrière toutes ces initiatives, mon idée est toujours la même : par ces rencontres avec des personnalités exemplaires, j'espère ouvrir les yeux des élèves et les inciter à ne jamais laisser leur genre, leur orientation sexuelle, leurs origines ou leurs particularités physiques et mentales les exclure de la société ou du monde du travail. À ne jamais être « des enfants que l'on refuse de voir », comme la ministre Christiane Taubira avait appelé les enfants de parents homosexuels en défendant son projet de loi sur le « mariage pour tous »[1].

*

1. Christiane Taubira, discours à l'Assemblée nationale du 29 janvier 2013.

Au quotidien, les femmes noires, encore plus que les hommes, portent le joug de cette invisibilité sociale et professionnelle, dont le pendant est une visibilité exacerbée de leurs corps.

Je ne vais certainement pas jeter la pierre à celles qui se hissent au sommet dans les arts ou les sports. Chacune à sa façon, Grace Jones, Iman Bowie, Naomi Campbell ou Marie-José Pérec, ont écrit leur propre légende en détournant à leur profit les codes de la féminité noire fantasmée.

On pourra le leur reprocher, comme à Joséphine Baker en son temps, décriée pour avoir joué les amuseuses de cabaret, ceinture de bananes sur les hanches. Je vois pourtant en elle, dans le contexte de son temps, une femme libre et indépendante, qui a fui la pauvreté et la ségrégation américaines pour s'inventer à Paris une vie à la mesure de son talent. La médaille de la Résistance, la Légion d'honneur et la Croix de guerre ont d'ailleurs reconnu le courage dont elle a fait preuve dans ses missions secrètes au service de la France libre dès novembre 1940. Combien de ses compatriotes (elle était devenue française en 1937) peuvent-ils en dire autant ? Sans compter le cœur immense de cette mère adoptive d'une douzaine d'enfants de nationalités différentes.

Chapeau bas, donc, à ces reines du sport et du divertissement qui ont inventé et façonné leur destin. Mais, dans ces domaines et dans d'autres, les femmes noires, faute sans doute de modèles pour les inspirer et les encourager, faute aussi de réussites en nombre prouvant leur compétence aux yeux du monde, souffrent encore aujourd'hui d'une image brutalement réduite à leur corps.

Aujourd'hui, paradoxalement, c'est dans un pays éminemment raciste que Michelle Obama, Oprah Winfrey, Kamala Harris donnent à leurs semblables l'espoir d'être considérées autrement que comme des bombes sexuelles.

*

Comment expliquer cette obsession séculaire ? Sans être une spécialiste de la question, je ne peux m'empêcher de penser à la célèbre « Vénus hottentote », Sarah Baartman, cette esclave sud-africaine exhibée un peu partout en Europe dans les années 1810 comme un animal de foire, prétendue preuve vivante de l'infériorité noire, mais également présentée comme un objet sexuel en raison de l'hypertrophie de ses hanches, de ses fesses et de ses organes génitaux protubérants.

Cette morphologie rappelant certaines représentations féminines préhistoriques a visiblement touché une corde sensible chez ces messieurs. Voyaient-ils en elle, à l'époque, et voient-ils en nous, aujourd'hui, la Vénus originelle ? Une déesse à la beauté incandescente, à l'approche de laquelle on peut se brûler les ailes, mais irrésistible par sa promesse de jouir comme jamais ?

L'origine de ce fantasme qui colle à nos peaux noires doit aussi être recherchée dans les conceptions héritées de l'esclavage. Le droit de vie et de mort du maître sur les êtres humains qu'il « possède » inclut évidemment celui d'employer l'autre sens de ce verbe… Taillables et corvéables à merci, les Noires sont aussi régulièrement violées. D'où, on le sait bien, les innombrables naissances de petits mulâtres dans les plantations de coton américaines ou les champs de canne à sucre des Antilles.

À noter que l'esclavage, dès l'Antiquité, a aussi forgé le mythe de l'exceptionnelle anatomie de l'homme noir. Le journaliste et essayiste franco-ivoirien Serge Bilé a patiemment reconstitué et brillamment raconté l'histoire de ce cliché dans un livre formidable[1].

Quand je tenais mon blog littéraire, j'avais invité cet auteur à l'une de mes soirées. Les échanges avaient été passionnants… et instructifs pour l'assistance, tant ce cliché perdure, même si aucune étude scientifique sérieuse ne l'a jamais validé.

*

1. *La Légende du sexe surdimensionné des Noirs*, *op. cit.*

Je n'ai pas attendu mon arrivée en France pour éprouver concrètement la charge de cet imaginaire poisseux. Dès mon adolescence à Bamako, le regard de prédateur sexuel de certains hommes blancs se matérialise dans le comportement d'un grand nombre d'expatriés.

Leur légendaire consumérisme dans ce domaine m'a toujours révoltée. Souvent célibataires, apparemment désinhibés par leur implantation dans une contrée lointaine, ils profitent de leur aisance financière pour exploiter des gamines qui cherchent à subvenir aux besoins de leurs familles ou entretiennent l'espoir de sortir de la misère par le mariage.

Je me souviens très bien de l'insistance de l'un d'entre eux à mon égard, même si j'ai oublié les détails de sa biographie.

Ce Belge ou Allemand était-il fonctionnaire d'une ambassade ou salarié d'une grande entreprise ? Je ne sais plus, mais je n'ai pas oublié l'arrogance avec laquelle ce grand roux étalait son train de vie. Une belle villa, du personnel, une limousine avec chauffeur… Son argent avait donné à ce type, loin d'être beau gosse, l'habitude d'emballer « belles plantes », « lianes » et « tigresses » – toutes formules au choix dont sont coutumiers trop d'hommes blancs en visite sur le continent.

Sa drague s'était révélée grossière, tout comme sa déception décomplexée lorsqu'il avait compris, après un apéritif où j'avais posé beaucoup trop de questions à son goût, qu'il n'arriverait pas à ses fins avec moi : « D'habitude, je conclus au bout du premier verre. Mais, avec toi, il n'y a pas moyen. » Quittant le ton banal de la conversation, je l'avais provoqué. « Parce que tu veux quoi ? Tes collègues et toi, vous venez ici soi-disant faire du social ou du développement, mais votre obsession, c'est de vous amuser avec des Noires à coups de petits billets et de cocktails offerts ? »

Après ma tirade, nullement perturbé, il avait haussé les épaules et s'était esquivé en soufflant : « T'es quand même compliquée, comme fille… » Oui, sans doute. En tout cas, pas « facile » comme il s'y attendait. On s'en doute, je n'ai plus jamais eu de ses nouvelles.

*

Dans les sociétés patriarcales africaines, malheureusement, certaines traditions alimentent les allusions salaces des visiteurs.

En Afrique de l'Ouest, la coutume, qui n'a pas cours partout sur le continent, veut qu'une future mariée soit confinée une semaine dans une chambre nuptiale pour se préparer au grand jour, en compagnie non de sa mère mais d'une tante chargée de l'apprêter et de l'instruire.

Tout y passe : sélection des tenues vestimentaires, longues séances de coiffure et de maquillage, stricte observance d'un régime alimentaire destiné à parfaire sa ligne et à modifier ses odeurs corporelles (certaines boissons à base de plantes garantissent ainsi que la promise sentira bon de partout, urine comprise), mais aussi, bien entendu, transmission de l'indispensable b.a.-ba sexuel…

En réalité, cette leçon vient souvent pallier, *in extremis*, le manque d'éducation sexuelle dans les familles et au sein du système scolaire. Mais avant toute chose, la priorité reste d'apprendre à la novice les postures et les gestes propres à satisfaire le mari. La « dame de compagnie » revient d'ailleurs une semaine après le mariage et s'introduit dans l'intimité du jeune couple afin de deviner comment se sont passées la nuit de noces et les suivantes, quitte éventuellement à devoir délivrer des conseils supplémentaires.

Ce rituel, sans être observé dans tous les mariages, s'ancre solidement dans les esprits. Y compris ceux des étrangers. Si bien que certains hommes blancs se mettent en tête le fantasme d'une femme noire « préparée », une femme « comme avant » en somme, virginale et obéissante, comme les jeunes mariées occidentales d'antan. Mais, contrairement à elles, instruite et prête pour l'amour – ou du moins pour le sexe. L'expatrié s'attend à vivre une expérience exotique, non seulement en raison de la couleur de peau de sa partenaire, mais en escomptant jouir de son savoir-faire. Un état d'esprit qui chosifie la femme noire, sans autre raison qu'un racisme dont l'homme n'a sans doute même pas conscience. À moins qu'il ne s'en soucie comme de son premier orgasme…

*

Le poids des clichés explique sans doute en partie pourquoi je suis très rarement sortie avec des hommes blancs, et jamais pour des relations amoureuses durables.

À tort ou à raison, j'ai toujours pressenti que ma couleur et mes formes correspondaient pour certains à la sinistre équation *coucher avec une femme noire = passer un très bon moment au lit,* dont il y a mille images dans les médias, au cinéma, dans la photographie… et dans la tête des hommes. Tout comme, il est vrai, certains hommes noirs fantasment sur la femme blanche – ne dit-on pas qu'une Blanche vaut deux Noires ?

Je ne me suis pas volontairement cantonnée aux hommes noirs, mais il se trouve que, de ce côté-là, j'ai trouvé mon bonheur : un partenaire d'égal à égal, la moitié qui me correspond, et non un chasseur à l'affût d'un trophée.

*

Comme beaucoup de femmes, au cours de ma carrière, il m'a fallu éconduire certains hommes. Et j'ai toujours eu le sentiment que, face à moi, ces individus se montraient plus entreprenants et moins prudents qu'avec une collègue blanche. Comme s'ils attendaient plus de moi, comme s'ils pensaient, surtout, qu'avec moi ce serait « facile » – pour reprendre le mot de l'expatrié roux de Bamako.

Je me souviens en particulier de l'un d'entre eux qui avait perdu tout sens de la mesure au cours d'un entretien professionnel. « Vous êtes très belle, très séduisante, m'avait-il déclaré. Il y a quelque chose de si charismatique dans votre langage non verbal, vous vous exprimez par tous les pores de votre peau… »

Nul doute que je n'étais pas sa première proie. Peut-être avait-il l'habitude de se comporter de la sorte avec les femmes, au cœur d'un établissement scolaire, au risque du scandale ? Je ne sais pas.

Quant à moi, j'avais élaboré depuis longtemps la parade humoristique permettant à coup sûr de mettre fin à ce genre de comportement. Elle tient en une phrase, à prononcer tout sourire, les yeux dans les yeux : « Désolée, je n'aime que les hommes noirs. » Le voile qui éteint soudain le regard concupiscent de mon interlocuteur témoigne alors qu'un autre cliché vient de lui traverser l'esprit et qu'il ne se sent pas – comment dire ? – de taille à rivaliser.

*

Il reste une dernière légende qu'il me faut malheureusement évoquer tant elle marque encore les esprits. Réputées insatiables, les femmes noires seraient également intéressées par l'argent.

Lorsqu'un homme blanc sort avec l'une d'entre nous, ses copains, après les clins d'œil d'envie, ne tardent pas à le mettre en garde. L'Africaine, c'est bien connu, cherche au minimum à se faire entretenir et si possible à se faire épouser. Tout cela ne mériterait que le mépris si cette réputation n'avait son corollaire dans la vie professionnelle.

Tout au long de ma carrière, j'ai été soupçonnée d'avoir bénéficié de la « promotion canapé ». Et, cette fois, les inquisiteurs pouvaient être, à parité, des inquisitrices. « Comment vous avez fait pour obtenir ce poste ? », on me l'a demandé à chaque étape franchie.

Comment ai-je obtenu d'exercer à Paris sitôt réussi le concours de CPE, alors que l'on débute généralement en banlieue ? Ensuite, par quel mystère ma nomination dans le centre de la capitale, après ma titularisation comme cheffe d'établissement ? Enfin, à la rentrée 2020 encore, qu'est-ce qui explique ma promotion au rang de proviseure d'un lycée parisien avant mes quarante-huit ans ? « Tu es une erreur ou une exception », m'a alors asséné une collègue.

Il y a bien longtemps que j'ai cessé de tenter de me justifier en avançant mes compétences et mon mérite. Comme les hommes libidineux, les fonctionnaires envieux ont droit à une blague insolente sur ma méthode supposée pour obtenir de l'avancement. Puisque l'interrogatoire soupçonneux sous-entend cette réponse, autant la donner à celui ou celle qui l'attend…

25

Bamako, fin des années 1980 :
le garçon manqué et les prédateurs

Désamorcer la tension sexuelle provoquée par les clichés est un art que j'ai appris dès la fin de l'adolescence, et pas seulement face aux expatriés blancs de Bamako.

À l'époque où je me lance dans mes reportages journalistiques, à seize ou dix-sept ans, je pars à l'assaut d'un monde 100 % masculin. Encore adolescente mais déjà dotée de toutes mes courbes, je refuse d'utiliser les codes adoptés par beaucoup de filles de mon âge. Il est hors de question de me saper pour faire flasher les rédacteurs en chef. Je veux séduire par mon travail, non par mes belles tenues.

Avec mon allure de garçon manqué en pantalon sur mon vélo rouge ou sur ma petite moto dans les rues de la capitale, j'échappe aux regards habituellement adressés à la « belle plante » que l'on aimerait bien « faire passer à la casserole » – désolée d'employer ces termes, mais ils reflètent la vision crue que beaucoup d'hommes se font de nous, sans que cela ne choque personne…

Les journalistes que je sollicite alors y réfléchissent à deux fois avant de m'aborder, dissuadés par mon allure, le sérieux de mon travail et mes références féministes. À cette période, je lis la Guadeloupéenne Maryse Condé, longtemps enseignante en Afrique de l'Ouest (Côte d'Ivoire, Guinée, Ghana, Sénégal), formée à l'école des écrivains de la négritude dans les années 1950. Ou j'écoute en boucle la chanteuse sud-africaine Miriam Makeba, l'une des grandes voix de l'opposition à l'apartheid, un combat payé d'un exil en Guinée. Bref, j'ai beau n'être qu'une petite lycéenne, l'intellect constitue selon moi la seule arme de séduction valable.

Globalement, mes « confrères » me respectent, même si certains ne perdent pas espoir de voir nos longues discussions déboucher sur un 5 à 7.

Mais, lors de mes reportages, je suis amenée à rencontrer le plus souvent des hommes d'âge mûr et mariés, prompts à me courtiser.

Je me souviens d'un important homme politique malien, âgé de quarante-cinq ans. Quelques jours après l'interview, au prétexte de « poursuivre la discussion », il envoie son chauffeur m'inviter à le rejoindre dans sa garçonnière. Je me doute bien qu'il n'est plus réellement question de travail journalistique, mais j'y vais, je l'avoue, avec une sorte de curiosité sadique. D'une certaine façon pour mener l'enquête à son terme, jusqu'au flagrant délit.

De manière prévisible, la visite de sa demeure, après un jus d'orange courtoisement servi, s'achève quand il se montre décidé à passer à l'action. C'est le moment que je choisis pour couper court. J'avais pour seul objectif de mettre en lumière son comportement, rodé à l'exercice du pouvoir pour parvenir à ses fins prédatrices.

Provocatrice, moi ?!?

A-t-il compris la leçon, à savoir que toute femme n'est pas une proie ? Se montrera-t-il moins sûr de lui ? Moins chasseur ? Hum…

26

Mon mariage et ma dot

Prémunie dès mon plus jeune âge contre les prétentions des mâles en général, la concupiscence des expatriés de Bamako et les envies d'aventure exotique des Parisiens en particulier, je ne suis guère pressée, pendant mes études, d'accomplir ce que ma société patriarcale d'origine attend de moi, à savoir me marier et procréer le plus vite possible.

*

Seulement voilà ! Au cours de ma deuxième année en Sorbonne, je rencontre un bel ingénieur chez des amis maliens communs, où lui comme moi recevons du pays les colis de nos familles respectives.

Matheux – tout le contraire de moi –, brillant, sérieux, très posé, il vit dans un studio du 14ᵉ arrondissement où, quelques mois après le début de notre relation, il me propose d'emménager. Dès le départ, nous aurions pu craindre entre nous de sérieux décalages. Il est déjà salarié d'une grande entreprise, je suis encore étudiante. Il s'agace souvent de mon côté déluré, lui si discret, pudique, pétri de valeurs, respectueux de tout, même au volant. Malgré tout, ce début de vie de couple à Montparnasse me rend très heureuse.

Mais, très vite, il souhaite absolument m'épouser.

À mon jeune âge, je suis moins enthousiaste, par peur de perdre ma liberté. Une fois que je le laisse en parler à nos parents, tout s'accélère. Ma mère saute de joie, et moi je suis toujours incapable de lui désobéir. Sans que je contrôle grand-chose, cela devient un projet de grand mariage après des fiançailles traditionnelles, ce qui implique entre autres l'envoi d'une dot par ma belle-famille. Je pense que ma mère n'est pas loin d'exiger vingt chameaux, dix éléphants et trois bœufs !

En réalité, j'ignore ce qui est demandé précisément. Je comprends seulement qu'il s'agit d'une somme d'argent assez importante, à la mesure de ma valeur estimée… même si pour finir elle sert à financer la cérémonie et la fête. Ce sera effectivement un grand mariage, aucune des deux familles ne se trouvant dans le besoin. Certes, j'échappe à la semaine de confinement en chambre nuptiale, mais Mahi le garçon manqué se laisse tout de même bien rattraper par la tradition…

*

Cette concession, à laquelle je me plie le temps de convoler, ne me fait cependant pas dévier de mes convictions féministes.

Après le mariage, nous trouvons un petit trois-pièces au sud de Paris, dans la vieille ville de Bagneux, puis un appartement plus grand situé dans les quartiers récemment bâtis. Les mètres carrés supplémentaires en sont l'indice, nous projetons d'agrandir la famille. Nous tiendrons promesse. Plus tard, nous prendrons des chemins opposés mais il est resté un papa ultra-présent dans le quotidien de nos enfants, qui l'adorent. C'est assez rare pour être souligné.

Pour l'heure, au lendemain de la noce, rien ne presse. Mon époux approuve ma volonté de terminer mes études et de me lancer dans la vie active avant de songer à la suite.

*

Au Mali, cette maternité retardée déplaît fortement dans nos familles. Les soupçons parviennent à nos oreilles – y aurait-il un problème pour enfanter ? – et les mauvaises langues se délient à mon sujet. Peu m'importe. Je suis heureuse en ménage.

Mais, je l'ai toujours dit et je n'en démords pas, mon véritable et premier mari, ce sont les diplômes que je prépare et la carrière que j'embrasse. C'est l'époque où, après un repérage méthodique aux alentours, je dépose un CV au collège voisin de notre domicile. J'y ferai bientôt, en tant que surveillante, mes débuts dans l'Éducation nationale.

IV

À l'école des discriminations

27

La « taxe à la frontière » quotidienne

Depuis le début de ce récit, je livre mes expériences et mes sentiments d'ordre personnel, en tentant de les enrichir d'observations nées de trente années passées dans l'enseignement secondaire. Et j'en arrive ici à une triple conclusion : les discriminations et vexations quotidiennes sont une réalité ; les femmes noires en souffrent davantage que d'autres catégories de la population française ; et cela commence malheureusement dès leur scolarité.

Mais, pensera-t-on, que valent mon analyse et mon témoignage ? Reflètent-ils des phénomènes établis par des données scientifiques ou des investigations méthodiques ? Qu'en disent les sociologues et autres observateurs de notre société ?

*

En avril 2021, je me suis plongée avec grand intérêt dans un passionnant article du *Monde*[1] qui ambitionnait précisément de confronter des histoires individuelles (pour l'un, jeune homme noir, des centaines de CV envoyés sans obtenir une seule réponse, pour une autre des remarques blessantes de ses collègues l'enfermant dans une caricature de « beurette »...) avec les rares travaux consacrés spécifiquement aux personnes « issues de la diversité » confrontées aux ratés de l'ascenseur social.

« Rares » parce que la France, contrairement aux pays anglo-saxons, prohibe les statistiques dites « ethniques » au nom de l'universalisme républicain. Là où les Américains se déclarent, lors du recensement de la population, « White Caucasian », « Hispano », « Black », « Asian-American » ou autres, la France, elle, ne distingue ses habitants qu'entre citoyens et résidents étrangers. Ni les institutions publiques ni les entreprises ne peuvent relever les origines. Il est donc difficile, dans ces conditions, d'étudier les parcours scolaires et professionnels des Français issus de l'immigration. Seuls quelques chercheurs obtiennent, au compte-gouttes, des autorisations pour mener de tels travaux.

1. Marie Charrel, « "On m'a conseillé d'enlever la photo pour cacher que je suis noir" : la France malade de ses discriminations », *Le Monde*, 22 avril 2021.

Aux fins de son enquête, la journaliste du *Monde* s'est livrée à un travail de fourmi pour réunir des données éparses établies dans ce domaine par l'Insee ou l'Ined (Institut national d'études démographiques) et les comparer aux études réalisées à l'échelle européenne (l'Eurobaromètre de l'UE) ou parmi les grands pays développés (par exemple les enquêtes Pisa sur la performance des systèmes scolaires dans l'OCDE).

Le résultat de cette patiente collecte est édifiant. Ainsi, en France, 49 % des personnes ayant des origines en Afrique subsaharienne déclarent avoir subi des discriminations au cours des cinq années précédentes (contre « seulement » 39 % en cas d'origines algériennes), qu'il s'agisse de l'accès au logement ou à l'emploi, d'inégalités salariales, etc. Le fameux plafond de verre qui arrête net les progressions de carrière des femmes se révèle encore plus épais pour les Noires, les Arabes et les Asiatiques : elles pâtissent d'une probabilité 2,5 fois plus élevée que les femmes blanches d'expérimenter des discriminations dans l'emploi.

*

Dans ce sombre tableau, j'ai évidemment été particulièrement attentive à tout ce qui concerne la jeunesse et l'éducation.

Aujourd'hui en France, 11,9 % des 16-24 ans sont littéralement livrés à eux-mêmes, n'occupant aucun emploi sans pour autant suivre des études ou une quelconque formation. Or cette proportion bondit à 24 % chez ceux dont au moins l'un des parents vient d'Afrique subsaharienne.

L'article met aussi en lumière le poids du milieu social et culturel d'origine dans la réussite scolaire. Les enfants de familles noires sont moins nombreux que la moyenne à obtenir le baccalauréat, en particulier dans la filière générale. Interrogés sur leurs aspirations, seuls 50 % des parents visent pour leurs filles un bac ES, L ou S, comme l'on disait avant la récente réforme, par opposition aux filières technologiques et professionnelles, contre 63 % dans la moyenne nationale (et 75 % dans les foyers d'origine asiatique).

Il faut bien sûr prendre en compte l'effet de la catégorie socioprofessionnelle d'appartenance : les jeunes issus de l'immigration appartiennent moins souvent que d'autres à des familles de cadres, promptes à viser les diplômes les plus prestigieux. Mais, même à milieu social et revenu équivalents, souligne *Le Monde*, les écarts dans les résultats scolaires sont notables.

Si je m'emploie à redonner ces chiffres, c'est qu'ils confirment par des données objectives mes observations personnelles depuis trente ans. Et notamment celle-ci, qu'il faut oser formuler : les discriminations, phénomène incontestable, sont trop souvent aggravées par le manque d'investissement des familles dans la scolarité.

Petite immigrée malienne à Clichy, j'avais été frappée, je l'ai raconté, par la bienveillance et la conscience professionnelle des enseignants de mon école primaire, bien décidés à ne laisser personne sur le bord de la route. Et leurs efforts ont payé, dans mon cas, parce que chez moi, dans le petit appartement du boulevard Jean-Jaurès, ma mère m'accordait la même attention et entretenait une exigence sans doute encore supérieure à celle de l'école – « Thatcher » vénérait l'assiduité, la conduite, le travail à la maison et les résultats.

À l'inverse de mon exemple, je constate, encore aujourd'hui, que les élèves de foyers modestes dans la communauté africaine se trouvent bien souvent écartelés entre deux mondes. Entre l'institution scolaire, où ils passent huit heures par jour, et la maison où, une fois franchie la porte du foyer, s'accomplit en miniature une sorte de retour aux sources dans le pays d'origine, avec sa langue, sa cuisine, ses manières d'agir et de parler, une atmosphère à laquelle ils devront s'arracher de nouveau le lendemain matin en reprenant le chemin de leur établissement. Un peu comme si, chaque jour, il leur fallait s'acquitter d'une véritable « taxe à la frontière », un lourd tribut qui, forcément, les place en position de fragilité dans le système français.

*

Avec mes enfants, j'ai toujours veillé à éviter tout hiatus entre notre domicile et l'extérieur. Ils baignent dans une atmosphère studieuse, au diapason de celle de l'école. Le même climat propice à la réussite scolaire que celui créé pour nous, jadis, par ma mère.

Et pourtant, je l'adore, l'ambiance africaine ! C'est celle de mon enfance, de ma famille de Bamako et de Koulikoro. Je plonge toujours avec bonheur dans l'exubérance, la joie et les rires qui animent ces maisonnées où défilent cousins, cousines, voisins et amis. J'y retrouve aussi des manifestations de solidarité dont l'absence continue à me choquer dans mon pays d'adoption. Pour moi, il n'est donc nullement question de gommer mon africanité.

Au cours des différentes vagues d'immigration vers la France, nombre de nouveaux arrivants, polonais, italiens, espagnols, portugais, asiatiques, maghrébins ou Noirs africains, ont cherché à dissimuler leurs origines autant que possible. C'était une façon de passer inaperçus, de ne pas « chercher des verges pour se faire battre ». Dans ce but, ils donnaient par exemple à leurs enfants des prénoms « bien français » ou bien modifiaient ceux qui leur avaient été attribués au pays.

Ce n'est pas ma manière de voir les choses.

Je connais et je cultive la richesse que procure la chance d'avoir deux cultures. Chez moi, les masques sont bien en vue sur les murs et la bibliothèque expose fièrement ma littérature africaine ou mes livres consacrés à l'histoire du continent. Je m'habille et je cuisine à la malienne… ou pas, selon mes envies.

Mais mes enfants, qui sont nés ici, je les considère comme citoyens du monde. En tout cas, je refuse qu'ils se pensent maliens ou même franco-maliens. Trop de jeunes, je le constate chaque jour, revendiquent ainsi deux nationalités, voire uniquement celle de leurs parents, alors qu'ils sont « icissiens ». Dans une société qui peine déjà à les voir français, cette ambiguïté entretenue à domicile les déboussole encore un peu plus.

Ma priorité : que mes enfants connaissent bien leur pays d'origine, la France. Sans rien taire de notre histoire, sans maquiller notre parcours – je ne vais pas leur faire accroire que nous descendons de Louis XIV ! –, sans nous tenir à l'écart de la communauté malienne. Mais en nous concentrant sur notre destin ici, où j'ai fait ma vie et où ils ont la chance d'étudier et de grandir.

Le plus handicapant, conséquence et source d'une amertume inconsolable, c'est le « mythe du retour » toujours vivace dans bien des familles, un rêve rarement réalisé qui conduit les jeunes à se définir comme citoyens d'un ailleurs, un autre pays où, au mieux, ils passent des vacances, où souvent ils n'ont jamais mis les pieds.

Je suis partagée entre ma réticence à critiquer « la communauté » et le sentiment d'urgence qui s'empare de moi chaque fois que je rencontre un élève en proie à ces tiraillements entre deux mondes. Oui, j'hésite à me montrer sévère. Élever ses enfants, je le sais bien, est le métier le plus difficile au monde et chacun fait comme il peut. Lorsqu'un jeune me semble en décalage avec l'école, avec ses camarades ou avec lui-même, son malaise m'apparaît à l'évidence comme le produit de parents qui se cherchent. Avec d'autant plus de doutes et de tâtonnements que ces familles sont, plus que d'autres, en proie à de grandes difficultés pour trouver travail et logement. Je sais tout cela.

Mais – demandez à « Thatcher » – des revenus modestes et un logement exigu ne doivent pas empêcher de surveiller que le petit a bien fait ses devoirs à la maison. Ni de lui ménager du mieux possible un moment ou un lieu de tranquillité dans la promiscuité familiale.

La première mission de l'école, j'en suis convaincue, est précisément de combler l'inégalité des chances, de cultiver les ambitions de tous, d'accompagner les progrès de chacun. Dans l'idéal, les conditions et les contenus de notre enseignement doivent nourrir en chaque jeune cette conviction et l'espoir qu'elle peut engendrer, si son foyer n'est pas en mesure de la lui donner.

C'est tout le sens que j'ai donné à ma carrière. Si j'ai débuté dans l'Éducation nationale un peu par hasard puis par pure vocation, je me suis très vite demandé comment, dans mon métier, je pouvais changer les choses. C'est pourquoi j'ai tout fait pour me retrouver « aux manettes ». C'est la raison pour laquelle je suis aujourd'hui proviseure.

28

Sévère mais juste face aux fauteurs de « dawa »

Dans la seconde moitié des années 1990, à mes débuts au sein de l'Éducation nationale comme simple surveillante vacataire d'un collège de la banlieue parisienne, ces questions-là ne me travaillent pas encore. Du moins, je n'en ai pas conscience.

Toute à ma joie de plonger dans ce milieu qui m'enthousiasme et où je ferai mon parcours professionnel, je ne suis pas vraiment attentive au regard de la société française et de sa classe politique sur les quartiers difficiles, ni aux débats nationaux sur la politique migratoire et l'intégration des populations immigrées.

*

J'accomplis pourtant mes premiers pas au cœur du problème. Dans mon collège de Bagneux, une majorité d'élèves affichent des origines étrangères.

Contrairement aux primo-arrivants d'Europe de l'Est, qui découvrent tout juste la France et sa langue, les Noirs sont pour la plupart « icissiens ». Pourtant, ils se revendiquent sénégalais, béninois, maliens ou antillais.

Ce cocktail vaut au collège d'être estampillé de tous les labels concoctés par le ministère, très prolifique en la matière, pour désigner les établissements concentrant de nombreux élèves en grande difficulté. Situé en Zone d'éducation propriétaire (ZEP), il rejoint bientôt le contingent des Réseaux d'éducation prioritaire (REP) et plus tard le Réseau Ambition Réussite (RAR).

Partant du principe que l'école de la République n'a pas à moduler ses objectifs et ses règles en fonction des origines de chacun, je navigue entre les écueils. D'un côté, certains élèves africains espèrent m'amadouer, puisque je suis supposée être « des leurs », comme une tante ou une cousine à qui leur vie quotidienne est familière ; de l'autre, l'administration, je l'ai dit, compte implicitement sur moi pour encadrer ces jeunes en particulier.

Une fois de plus, on m'assigne des rôles en fonction de mes origines et de ma couleur de peau.

Ces gamins ne sont pas de tout repos. Parmi les jeunes d'origine africaine, beaucoup prennent l'école pour une aire de jeu, un endroit où tuer le temps, faute de bénéficier à la maison du soutien nécessaire à la réussite de leurs études.

J'observe déjà une immense différence entre les jeunes filles, le plus souvent très sérieuses et concentrées sur le travail scolaire, et les garçons, qui le sont beaucoup moins. Même si je refuse le rôle de grande sœur, je me retrouve en situation de former une sorte de rempart face à une bande de gaillards déterminés à « mettre le dawa », comme ils disent – semer le désordre. Élèves de 4e et 3e technologiques, certains me défient du haut de leurs seize ans et de leur taille déjà supérieure à mon mètre soixante-seize, même s'ils me craignent au point de chercher à éviter les permanences dont j'ai la responsabilité. À l'extérieur du collège, ils jouent avec les limites, quand ils ne sont pas carrément impliqués dans des activités illégales. Beaucoup travaillent comme guetteurs pour les vendeurs de « bédos », les joints de cannabis. Un jour, un petit de 6e me défie d'ailleurs en brandissant son salaire ainsi gagné, un « Pascal » comme on surnommait le billet de 500 francs avant la mise en circulation de l'euro. « Ça touche combien une surveillante, tu gagnes quoi, toi ? Moi, regarde ce qu'on m'a payé aujourd'hui… »

À Bamako, je ne fréquentais pas seulement des enfants de chœur, loin de là, mais à Bagneux, je découvre les bandes de la région parisienne. L'ambiance est tendue. Dans l'une des cités de la ville se multiplient les alertes aux « tournantes », ces viols collectifs perpétrés dans les caves dont les médias parlent beaucoup. Je n'ai jamais eu affaire à un élève du collège impliqué dans ces crimes, mais ils baignent bel et bien dans cet environnement.

C'est aussi le quartier où, plus tard, en 2006, le jeune Ilan Halimi sera séquestré et sauvagement assassiné par le « gang des Barbares », de sinistre mémoire. À l'époque des faits, je travaille à Paris mais habite toujours Bagneux. Ce crime, preuve sanglante d'une assignation poussée jusqu'à l'horreur, me hante encore aujourd'hui, un souvenir ravivé par la publication du roman de Morgan Sportès, qui s'en inspire[1].

*

Dans les couloirs du collège, on me craint, non pas en raison de ma couleur de peau, mais parce que je suis habitée – comme l'ensemble de l'équipe – par la volonté de préserver l'établissement des aspects sombres de la vie du quartier. L'école, c'est sacré ! Prière de laisser l'« esprit de la cité » à la grille le matin. Notre volonté est claire, notre détermination sans faille, mais la tâche se révèle ardue.

Entre les élèves et moi se met en place un jeu du chat et de la souris.

1. *Tout, tout de suite*, Fayard, 2011.

Au quotidien, le premier combat consiste à corriger leur façon de s'adresser aux adultes. Au départ, avant de m'y habituer puis d'intervenir, je suis interloquée par le langage de certains. Un simple échange relève du tour de force quand il s'agit de les comprendre. Ils s'expriment dans un français rarement soutenu – n'en demandons pas trop – et même pas toujours courant.

Pour me relater un banal incident de cour de récréation, des collégiennes en colère achèvent toutes leurs phrases par « nanani-nana » : « L'autre, il m'a pris la tête et *nanani-nana*, alors j'y ai dit, vas-y, *nanani-nana.* » Leurs propos totalement décousus se bousculent dans un énervement permanent et s'accompagnent d'une gestuelle frénétique destinée à compenser la pauvreté du vocabulaire employé. Pour la francophone de Bamako que je suis, le choc est rude. Lorsque je vais travailler après une matinée de cours à la Sorbonne, le décalage linguistique entre ces deux mondes me déconcerte et me perturbe.

Le plus grave reste que ce langage les pénalise. Chaque jour, je m'évertue à leur faire comprendre qu'une telle façon de s'exprimer dresse un mur entre eux et les adultes, y compris avec l'équipe du collège. Que, plus tard, les conséquences risqueront d'être très lourdes lorsque viendra le moment d'entreprendre une démarche administrative ou d'aborder un entretien professionnel.

Comme l'expression orale, l'accoutrement de ces élèves donne d'eux une mauvaise image. En banlieue, dès cette époque (comme aujourd'hui dans le lycée polyvalent que je dirige), la tenue de certains jeunes, surtout celle des garçons, semble tout droit sortie d'un clip de rap : casquettes, chaussures de sport clinquantes et jogging en permanence. Moi-même grande fan du rap des années 1990, je n'ai rien à redire à ce *dress code*… tant que les vêtements sont propres et « corrects », c'est-à-dire conformes au règlement intérieur de l'établissement. Ma tolérance vestimentaire rencontre cependant cette limite : au contact des adultes, et notamment en entreprise, bien avant d'être embauchés, dès les filières professionnelles où ils suivent leurs formations, les Noirs et les Maghrébins sont catalogués, par cet uniforme, parmi les « jeunes de banlieue » auxquels les automatismes mentaux les assimilent déjà de par la couleur de leur peau. La même garde-robe, chez un jeune Blanc, n'est pas systématiquement interprétée ainsi.

*

Si encore le langage et les survêtements étaient seuls en cause ! En arpentant la cour ou les couloirs, à la cantine ou en salle de permanence, je dois constater que beaucoup de ces collégiens me défient en enfreignant les règles de vie élémentaires, voire en déclenchant des bagarres.

Mais je ne lâche rien. En m'opposant à eux, j'en paie le prix. Tour à tour, je retrouve ma boîte à lettres défoncée, la porte de mon appartement détériorée au pied de biche, ma voiture visitée, souillée de canettes de soda vides et de mégots de cigarettes ou de joints. Je ne serai jamais en mesure de mettre précisément des élèves en cause pour ces faits, mais beaucoup sont au courant et en sourient. Il s'agit clairement de manœuvres d'intimidation. Ces dégradations m'envoient un message clair : « On sait où tu habites. »

Avec le soutien des collègues, notamment celui d'un médiateur respecté de tous, je montre que je n'ai pas peur, et ça marche, les menaces s'interrompent, même si le climat demeure tendu et chargé de testostérone de leur côté. Peu à peu, je gagne une réputation de pionne sévère, connue pour passer des savons « à la malienne », mais juste, ce qui m'importe énormément. Parfois, mon allure de garçon manqué, volontiers tête brûlée, se révèle utile face aux élèves les plus difficiles.

Ainsi, je me souviens d'un professeur stagiaire de mathématiques dont le fort accent suscitait de constantes moqueries. Son inspection de fin d'année, puisqu'il avait raté sa titularisation une première fois, représentait sa dernière chance. Dans une certaine classe de 4e technologique, la cruauté à son égard atteignait un niveau inouï, et le chahut prévisible risquait, à l'évidence, de compromettre ses chances de réussite face à l'inspecteur venu procéder à son évaluation.

Le jour J, ces élèves turbulents se retrouvent d'abord en permanence sous ma surveillance. Je sépare les quatre meneurs, chacun dans un coin de la salle. Un premier me défie, et les heures de colle tombent. Un deuxième est convoqué à mon bureau et s'entend intimer l'ordre de « ne pas moufter ». Je n'en suis pas fière, mais parfois seul ce langage fait mouche. À la fin de l'heure, pendant laquelle punitions et réprimandes ont continué de pleuvoir, je confisque leurs carnets : « Si j'apprends que cela s'est mal passé pendant l'inspection, non seulement je vous colle six heures, mais toutes mes permanences seront aussi difficiles pour vous jusqu'à la fin de l'année. On parie ? » Finalement, d'abord décontenancé face aux perturbateurs devenus soudain sages comme des images, le professeur réussit son cours, son évaluation fut positive et il obtint son poste de titulaire.

*

Avec le temps, la mémoire de ces tensions quotidiennes s'est estompée pour laisser place à des souvenirs empreints d'une grande tendresse envers ces jeunes. Après mon départ de l'établissement pour devenir CPE à Paris, je suis restée en contact avec certains de ces « couillons » de meneurs, me portant même garante de leurs candidatures pour entrer en lycée professionnel, où, au demeurant, ils ont réussi.

Aujourd'hui, quand je traverse ce quartier où ma mère vit encore une partie de l'année, il m'arrive de croiser un ancien élève. Quel joli pincement au cœur que de rencontrer un « lascar » devenu un homme marié, père de famille, bien installé dans son métier, qui vient m'aider à porter mes sacs jusqu'au domicile maternel et en profite toujours pour me glisser quelques remerciements.

Leur reconnaissance, je le sais, va aussi à l'ensemble du personnel et des professeurs. Face à des situations sociales extrêmement difficiles, nous avons toujours fait preuve de conviction, d'abnégation et d'humanité – jusqu'à nous en rendre malades quand il fallait nous résoudre, après épuisement de toutes les autres solutions, à convoquer un conseil de discipline pour exclure un élève.

Cette douce nostalgie se mêle cependant d'une colère rétrospective. Nous avons fait beaucoup (et réussi un peu, comme on l'a vu) compte tenu des moyens du bord. Mais je m'interroge d'autant plus aujourd'hui sur la faiblesse de ces moyens, sur la capacité de l'institution à répondre aux maux dont souffrent ces établissements – faute de les identifier, de les analyser et de les faire reconnaître par les instances de l'Éducation nationale pour qu'elles y travaillent avec lucidité et détermination.

Cependant, à l'époque, ma réflexion ne porte pas au-delà de mon collège, tant la tâche quotidienne m'absorbe. Occupée à résoudre des situations spécifiques dans ma ville, je n'en tire encore aucune leçon générale sur le sort des élèves issus de l'immigration, et en particulier celui des jeunes Noirs.

Au fil des années, cependant, je vais me rendre à l'évidence, le système scolaire peine de plus en plus à jouer son rôle auprès de ces populations. Et la question ne se limite pas aux établissements « difficiles » comme celui où j'ai débuté.

Partout où je suis passée, y compris dans les bons collèges et lycées du centre de Paris, j'ai observé ces élèves soumis au doute et à l'échec, ralentis par des freins imaginaires ou bien réels.

29

Mon enquête sur le communautarisme à l'école

Les doutes de l'élève ou de l'étudiant noir, avant de les observer chez les autres, j'ai commencé par les éprouver moi-même.

Comme je l'ai raconté précédemment, j'ai vécu de laborieuses premières années à la Sorbonne. Alimenté par l'indifférence des enseignants, si commune à l'université française, et le regard hautain de mes camarades, le découragement me gagne. Il m'a fallu repasser plusieurs examens aux sessions de rattrapage de septembre, j'ai redoublé une fois. Bref, en troisième année, je suis persuadée d'échouer au Deug, un diplôme qui s'obtenait normalement en deux ans.

Et j'ai ce réflexe typique des élèves et étudiants qui se sentent en décalage, le même que j'observerai plus tard chez bien des jeunes quand ils se trouvent déphasés dans un « bon lycée » : tout en poursuivant mes efforts à la Sorbonne, j'assure mes arrières en m'inscrivant en BTS d'assistante de direction. Rien de déshonorant à envisager cette profession. Bien au contraire, puisque ma mère l'a exercée ! Mais cette décision m'apparaît aujourd'hui comme une forme de renoncement de ma part, moi qui nourrissais le projet de devenir professeure de lettres. En substituant à la poursuite d'études générales l'option rassurante d'une filière professionnalisante, je procède à un arbitrage trop courant encore aujourd'hui au sein des familles, quand le choix de l'orientation obéit non aux désirs et aux compétences du jeune, mais à la peur et au repli sur soi.

Il faut croire que la difficulté m'aiguillonne. Même si, par prudence, je m'impose de suivre un deuxième cursus en parallèle, je redouble d'efforts à la Sorbonne… pour finalement obtenir les deux diplômes. Assistante de direction, je ne le serai donc jamais.

Admise en licence de lettres, je me sens pousser des ailes et tout va mieux. À force de bûcher, je suis entrée dans le moule et mes travaux écrits ou oraux atteignent enfin le niveau requis.

Ma licence en poche, je renonce cependant au professorat.

Quelles perspectives s'ouvraient en effet devant moi ? Passer une ou deux années, après la maîtrise, à préparer les épreuves théoriques du Capes, puis une année en stage dans des lycées tout en suivant les cours à l'IUFM, enfin me retrouver face à des jeunes souvent rebutés par leurs études et rétifs à la discipline. De surcroît vouée, comme très généralement dans les premières années de métier, aux établissements et aux postes les plus déshérités. Tout cela ne m'attire plus. Mon envie s'est émoussée, ma vocation envolée.

Les heures au collège de Bagneux m'ont en revanche inoculé le virus de la « vie scolaire » : appartenir à une équipe – et plus tard la diriger – chargée de faire tourner un établissement, faciliter la tâche des enseignants, accompagner l'épanouissement des élèves ou venir au secours de ceux qui se noient. J'ai trouvé ma voie.

*

Adieu les lettres modernes, le latin et l'histoire ancienne, je me lance dans une maîtrise en sciences de l'éducation, prise d'une véritable passion pour la sociologie du système scolaire, et en particulier pour les travaux sur le destin comparé des garçons et des filles.

Allez les filles ! Une révolution silencieuse, le livre des sociologues Christian Baudelot et Roger Establet[1], me ravit par son analyse du sort des femmes en France. Meilleures que les garçons, et ce de la maternelle à

1. Seuil, 1992.

l'université, elles ne trouvent pas pour autant ensuite toutes leur place, ni leur juste rémunération, dans le monde du travail. La faute aux pesanteurs institutionnelles et sociales, bien sûr, mais aussi à une forme d'autocensure, liée à un manque d'ambition des familles et des premières intéressées. Je suis enfin en mesure de théoriser ces mécanismes dont j'ai souffert personnellement et que j'ai vus à l'œuvre chez bien des adolescentes de Bagneux.

Pour mon mémoire de maîtrise, je choisis un autre sujet qui me tient à cœur, le communautarisme au sein des établissements scolaires. Ce thème exige un autre matériau que la simple somme d'observations empiriques glanées au cours de mes premières expériences dans l'enseignement secondaire. Il est temps d'analyser ce phénomène qui me frappe depuis des années et prend, selon moi, au moins trois formes. *Primo*, la tendance des élèves à se regrouper par origines, à la cantine ou dans la cour, par le même mouvement irrésistible qui m'avait moi-même poussée vers les « Noiraudes » de la Sorbonne. *Secundo*, la prédominance des élèves noirs et maghrébins parmi les fauteurs de troubles, les redoublants ou les exclus. Et, enfin, la part respective des responsabilités de l'institution scolaire versus celles du milieu familial – cette « communauté » si chaleureuse, mais souvent trop pesante pour les élèves.

La conclusion de mon mémoire embrasse l'ensemble de ces aspects. D'une part, bien sûr, le repli identitaire constitue pour les élèves une défense contre un système qui risque de les broyer. Mais, d'autre part, le milieu d'origine, en étouffant l'individu, nuit aussi à son émancipation. Pour en sortir, il faudra donc agir sur les deux leviers.

Comme on dit en bambara, un seul doigt ne suffit pas à soulever un caillou.

Ce travail universitaire ne me pose pas de difficultés particulières tant le sujet m'est décidément familier, si bien que je valide facilement mon diplôme, tout en travaillant et en préparant un concours administratif – j'ai quitté le collège pour devenir CPE contractuelle dans une grande cité scolaire à Paris et je bûche pour passer titulaire.

Sans oublier que j'attends un heureux événement. Cela ferait beaucoup pour un seul homme… Par chance, je suis une femme !

Épilogue

Les ravages de l'autocensure

À force d'expérience, je les repère au premier coup d'œil, ces élèves mal dans leur peau dès l'arrivée au lycée. Les filles surtout. Non pas en raison de leur couleur de peau mais tout simplement parce qu'elles se comportent comme les « Noiraudes » et moi jadis. Elles reproduisent toutes les attitudes que j'avais analysées dans mon mémoire sur le communautarisme à l'école. Regroupées entre elles dans la cour, inséparables à la table du déjeuner ou au centre de documentation, elles vivent, je n'en doute pas, de réelles amitiés. Mais je devine qu'elles se sont trouvées d'abord par affinités de pigmentation, tout comme j'avais repéré mes premières copines de la Sorbonne au pied de la statue de Victor Hugo.

*

Dans ces années-là, mon terrain d'action et d'observation ne se situe plus dans un collège agité jouxtant des cités difficiles, mais bel et bien en plein Paris, dans des lycées situés au cœur de quartiers privilégiés du centre-ville, recherchés par les familles pour l'excellence de leurs professeurs et de leur taux de réussite, et dans certains cas réputés pour la qualité de leurs classes préparatoires postbaccalauréat.

Il faut préciser que, dans le système scolaire français, à leur entrée en seconde, les élèves sont affectés selon une carte scolaire nettement plus ouverte que celle des collèges. Jusqu'en 3e, ils doivent en principe fréquenter l'établissement le plus proche de leur domicile. Ensuite, ils peuvent s'inscrire, en fonction de leurs résultats, dans ce type de lycées prestigieux où j'ai beaucoup exercé. À chaque rentrée, j'ai donc vu arriver des jeunes des quartiers populaires du Nord-Est parisien, propulsés par leurs bons livrets scolaires. Mais, presque à chaque fois, je les ai sentis troublés et en proie au découragement, au point d'envisager rapidement un changement d'orientation.

Parmi ces élèves « déplacés », les garçons laissent rarement transparaître leur immense fragilité. Ils font les fanfarons. En cas de difficultés scolaires ou de problèmes disciplinaires, leur premier réflexe sera de rejeter la responsabilité sur les enseignants – « le prof explique mal » – ou de suspecter un comportement discriminatoire à leur égard.

J'ai ainsi été traitée de « raciste » par les parents d'un élève maghrébin très chahuteur, que je m'employais à recadrer. « Vous avez donc oublié d'où vous venez, m'avait lancé le père, hors de lui, lors de notre entretien. Vous êtes devenue blanche. Vous êtes devenue une bounty. »

Sans le savoir, il m'adressait le même grief, avec les mêmes mots, que mes camarades de collège à Bamako dans les années 1980, au retour de mon premier séjour en France.

Les jeunes filles, quant à elles, se confient plus facilement. Peut-être en raison d'une plus grande attention de ma part, ou bien parce que, se reconnaissant en moi, elles s'ouvrent davantage. Toujours est-il que nos discussions sur leurs origines et leur avenir sont toujours étrangement similaires d'une année sur l'autre.

Bien que nées ici pour la plupart, elles ont tendance à se donner la nationalité de leurs parents. Sénégalaise, ivoirienne, malienne ou autre. En m'adressant à elles avec précaution pour ne pas les braquer, je leur demande alors où elles vivent – c'est souvent dans les 18e, 19e et 20e arrondissements parisiens – et où elles sont venues au monde précisément – leurs réponses mentionnent généralement Beaujon (Clichy), Robert-Debré (19e arrondissement) et autres maternités d'Île-de-France. « Tiens, fais-je mine de m'étonner, à vous écouter je m'attendais à ce que vous ayez vu le jour à Dakar ou à Abidjan ! »

Puis, pour bien affirmer qu'elles sont parisiennes, je les confronte à mon propre parcours : « Moi, je suis née à Bamako, au Mali, et j'avais plus de vingt ans quand je me suis installée ici pour de bon. Vous, vous êtes de véritables Françaises de souche ! » L'expression, empruntée à dessein au vocabulaire hostile à l'immigration, ne manque jamais de les faire rire. Elle produit aussi l'effet escompté et suscite les confidences. Leur hésitation identitaire, avouent-elles, provient « de ce qu'*on* leur dit », ce *on* mêlant confusément le regard de la société et la pression du milieu familial.

Je me souviens d'ailleurs d'une dame de service, dans l'un des établissements où j'ai exercé, fonctionnaire française depuis trente-cinq ans, mariée et devenue mère de famille à Paris, qui continuait à se présenter sous sa nationalité d'origine, tout comme elle le faisait pour ses enfants. Prenant des exemples parmi nos élèves, j'avais essayé de lui expliquer qu'en nommant sans cesse « chez nous » son pays d'origine, elle jetait le trouble dans l'esprit de ces adolescents nés du côté de la porte de Clignancourt ou de la place des Fêtes. Mais elle insistait pour que je l'appelle par son prénom, « comme au pays ».

*

Comme si ce trouble intime ne suffisait pas, cette façon de se voir et de se définir a des conséquences sur le destin scolaire. Les filles, là encore plus bavardes que les garçons, confient souvent ne pas se sentir « à leur place » dans ce bon établissement où elles entament leur seconde. Même si elles la doivent à d'excellents résultats scolaires, l'entrée au lycée (ou, plus tard, dans l'enseignement supérieur) représente une marche que certaines jugent par avance bien trop haute pour elles.

L'atmosphère studieuse d'un établissement sans problème provoque en elle-même une forme de choc. Même dans des classes de trente-cinq élèves, on entend une mouche voler. L'enseignant peut compter sur l'attention et le respect de l'assistance. Chaque jeune a sous la main les livres, les cahiers et le matériel voulus pour le cours.

Au lycée, elles se retrouvent en fait avec une majorité de jeunes dont les familles connaissent bien le système scolaire, repèrent les établissements d'élite d'où elles sont souvent issues elles-mêmes, et jouissent d'une certaine aisance financière.

Quel contraste, racontent les jeunes filles, avec leur collège où le professeur perdait toujours de longues minutes à établir un calme très relatif, parmi des élèves mal équipés qui, bon gré mal gré, finissaient par extraire du fond de leurs sacs un unique stylo et des feuilles volantes ne correspondant pas toujours à la leçon du jour.

Certaines, heureusement, se félicitent de pouvoir étudier enfin dans d'excellentes conditions et cherchent à en tirer le meilleur profit.

Mais elles sont trop nombreuses à se sentir paralysées par ce climat inédit pour elles. Elles tendent alors à pratiquer la politique de l'autruche, se faisant toutes petites pour passer inaperçues, et attendent de se voir réorientées, en fin d'année, vers une voie professionnelle pour laquelle, pensent-elles, elles auraient dû opter dès le départ.

D'autres, malgré le potentiel pour lequel on les remarque, lâchent des phrases terribles en entretien : « Ici, ce n'est pas fait pour moi, madame, ne vous fatiguez pas avec mon cas. Même si je passe en première générale, l'an prochain j'irai en pro, je m'y sentirai mieux. »

Convoquées dans mon bureau, les familles émettent fréquemment le même son de cloche, avec les mêmes mots : « Elle sera mieux là-bas, m'affirme-t-on. Elle apprendra un métier. En voie générale, les cours sont trop abstraits pour elle. »

Ce *là-bas* qui revient si souvent à mes oreilles désigne les établissements où l'on prépare les baccalauréats menant vers les métiers de l'administration et de la gestion, du service, de l'aide à la personne – assistante maternelle, aide-puéricultrice, Asem (agent spécialisé des écoles maternelles)…

L'interdiction des statistiques « ethniques » empêche d'établir la composition des classes selon l'origine des élèves. Mais il suffit de se poster à la sortie de l'un de ces lycées spécialisés pour s'en faire une idée. On y retrouve des cohortes d'élèves en majorité féminines et visiblement issues de familles africaines, Maghreb compris.

Elles se trouvent encore une fois reléguées entre elles et destinées à le rester plus tard, dans leur future vie professionnelle. Elles y seront mal payées et peu considérées, bien qu'indispensables – la pandémie de Covid-19 l'a démontré à toute la France.

*

Ces filières sont en effet de première utilité. Certaines se révèlent formidables. Et elles peuvent ouvrir l'accès à des métiers passionnants, généralement méconnus.

Aujourd'hui à la tête d'un lycée polyvalent avec une section professionnelle, je milite pour le développement et la revalorisation de ce type d'enseignement, injustement laissé pour compte, et même méprisé. Mais voir des élèves s'y retrouver par dépit et par inhibition m'est insupportable.

Aux jeunes femmes, premières victimes de cette autocensure, je voudrais dire avec force que rien ne les contraint à accepter ce sort auquel elles se croient condamnées par la société.

Empruntant son titre au livre de sociologie de mes années d'études – *Allez, les filles*[1] *!* –, je les exhorte à ne pas céder au découragement.

*

C'est d'abord pour elles que j'ai écrit ce livre. Pour leur donner le courage d'échapper à leur condition.

Le récit détaillé de mon parcours leur montrera, je l'espère, que rien ne leur est inaccessible. Qu'elles peuvent s'évader, comme moi, de toutes les prisons où on les enferme : « Sois belle et tais-toi, espère un beau mariage avec un mari fortuné, reste à ta place, sois discrète, ne fais pas trop de bruit, ici on te tolère, tu ne seras jamais proviseure à Paris… »

J'ai pu mener ma vie personnelle à mon idée, ma carrière conformément à mes ambitions, malgré les obstacles dressés devant les femmes et les pièges semés sur le chemin des Noirs en France.

Réussir, s'épanouir, c'est possible.

S'abstraire du regard si spécifique porté sur les femmes noires, c'est possible.

1. *Op. cit.*

« *Yes we can* », proclamait la campagne de Barack Obama en 2008. Une battante comme moi aurait pu rédiger ce slogan. Ces trois mots me claquent à l'oreille avec la force de l'évidence. Je voudrais qu'ils résonnent tout aussi puissamment pour les jeunes filles qui se reconnaîtront dans mon parcours.

Mais, aujourd'hui, j'estime n'avoir encore rien accompli de réellement utile. Certes, dans mon métier, j'agis chaque jour pour que les professeurs puissent exercer dans les meilleures conditions possibles et les élèves s'épanouir.

Ici, en France, chez moi.

Ce n'est pas suffisant.

C'est pourquoi, en mémoire du garçon manqué que je fus dans les rues de Bamako, je rêve de fonder un jour une école.

Un rêve à ma mesure, qui me ressemble et me tient à cœur, celui d'un établissement où les filles seraient encouragées à concrétiser leurs ambitions, sans traîner le double boulet de l'identité et du genre. Un lieu où, affranchies du racisme et du patriarcat, elles s'accompliraient en devenant vraiment elles-mêmes.

Pourquoi pas suédoises, si ça leur chante !

Remerciements

La publication de ce livre est le fruit d'une aventure profondément collaborative.

Aussi, je tiens à remercier toutes celles et tous ceux qui m'ont aidée et soutenue dans mon projet. Votre implication et votre appui me motivent pour continuer à écrire et à partager mes expériences.

À mes enfants adorés et adorables, sans qui je ne serais rien dans ce monde, je vous aime infiniment et éternellement,

à Rok, mon « correspondant » ici et ailleurs, l'amour existe,

à mes très chers neveux et nièces, que j'aime profondément,

à ma mère, « Thatcher », femme puissante, femme battante, femme courageuse, femme de conviction, femme vaillante et solide, à mon jeune et brillant frère Béchir pour ta générosité, ton humanisme et ton intelligence, qui reflètent l'ADN de notre cher papa monté au ciel, hélas, trop tôt,

à mes autres frères et sœurs, que j'aime d'un amour complice et solidaire, merci pour votre soutien,

à TBM, mon « chair » ami, merci pour ta déontologie journalistique, ton esprit subtil et impertinent, ta plume si bien aiguisée dont j'apprécie l'esprit d'à-propos sur les questions fondamentales qui se posent dans un grand pays, le Mali, en quête permanente de sa démocratie,

à Gladys, mon amie « noiraude » de Paris IV-Sorbonne, merci pour ton amitié inconditionnelle,

à une femme exceptionnelle, sans qui je ne serais jamais devenue proviseure à Paris et qui m'a suggéré de lire *Émilie, Émilie, l'ambition féminine au XVIIIe siècle*[1], un livre d'Élisabeth Badinter qui m'a tellement enrichie,

à un homme de l'ombre, si discret, si intelligent et si précieux à mon âme littéraire, à la plume si fine et si bien affûtée pour un professeur de mathématiques,

1. Flammarion, 1983.

REMERCIEMENTS

à Bdoul Traoré, un homme intègre, digne, et surtout un papa extraordinaire pour ses filles,

à Lucie, grâce à qui la lumière fut,

à deux hommes merveilleux, qui sont à l'origine de ce livre et ont permis sa concrétisation, merci pour votre confiance.

Table

II
La condescendance

III
Dans les yeux des Blancs

IV

À l'école des discriminations

Ce livre existe grâce au travail de toute une équipe.

Communication : Caroline Babulle, Sandrine Perrier-Replein, Typhaine Maison, Adélaïde Yvert.

Coordination éditoriale et administrative : Céline Poiteaux, Martine Rivierre.

Studio : Pascaline Bressan, Barbara Cassouto-Lhenry, Joël Renaudat.

Fabrication : Muriel Le Ménez, Céline Ducournau, Bernadette Cristini, Phousa Chantharath, Isabelle Goulhot, Émilie Lapan (Canada).

Correction : Emmanuelle Coppeaux, Valérie Gautheron.

Commercial, relation libraires et marketing : Laetitia Beauvillain, Alexandra Profizi, Élise Iwasinta, Morgane Rissel, Aurélie Scart, Clément Vekeman.

Cessions de droits : Isabelle Votier, Benita Edzard, Lucile Besse, Sonia Guerreiro.

Gestion : Sophie Veisseyre, Chloé Hocquet, Isabelle Déxès, Camille Douin.

Services auteurs : Viviane Ouadenni, Jean-François Rechtman, Catherine Reimbold.

Ressources humaines : Mylène Bourreau.

Juridique : Laëtitia Doré, Anaïs Rebouh, Valérie Robe, Jean-Benoît Vassogne, Julia Crosnier.

Diffusion : Aurélia Spalacci (directrice des ventes), Nadine Eugénie, Céline Pitt, Arnaud Weill, Hervé Adamczyk, Annie Bourgade, Éric Charpentier, Gilles Couillard, Sandrine Ducrocq, Élisabeth Ehlinger, Guillaume Loras, Jean-Philippe Pilloux, Philippe Maulnier, Gilles Torché, Élisabeth Gastaldo, Jean-Pierre Stephany (Belgique), Olivier Béguin (Suisse), Jean Bouchard et Marie-Ève Provost (Canada), Emmanuelle Cadot, Virginie Godet et Caroline Pan.

Ainsi qu'à toutes les équipes d'Interforum et d'Editis qui participent à la création, la diffusion et la distribution de ce livre.

Canoros Vehit Canentes

Composition réalisée
par Rosa Beaumont

Imprimé en France par CPI
en août 2021

N° d'édition : 62430/01
N° d'impression : 165205